Vorwort

Dieses Werk "Links geht's zum Paradies" ist die Fortschreibung meines bereits vorhandenen Paperbooks „Flüchtlinge, Migranten, Mutter Merkel" (ISBN 9783739243832), und meiner ebooks „Das Haar in der Suppe", „Die andere Meinung" und „Der Islam gehört zu Deutschland ... und anderer Quatsch".
Auch für dieses Buch möchte ich Karl Kraus zitieren, der gesagt hat: "Ich kann zwar keine Eier legen, aber ich merke, wenn sie faul sind". Ich habe versucht, diese faulen Eier häufig in satirischer Form zu benennen.

In diesen Blogs wird das Zeitgeschehen teils ernsthaft, teils satirisch kritisch begleitet. Schlagworte sind zum Beispiel „Homosexualität", „Griechenland", „Eurokrise", „Syrien", „Islam", „Flüchtlingskrise".
Das vorliegende Buch nimmt besonders die Flüchtlingspolitik und Merkels „Willkommenskultur" aufs Korn, sowie die gegensätzlichen Interpretationen des Islam.
Wenn man die Blogs liest, dürfte man feststellen, dass sich kein Blog völlig von der Realität entfernt und mancher spätere Konsequenzen vorausgesehen hat.

Inhalt

Herstellung und Verlag:
BoD - Books on Demand, Norderstedt
ISBN 978-3-7412-2630-4

Blogs im April 2016

Twittersammlung 8

30.04.2016

Merkel und ihre Follower wollten mit der Flüchtlingspolitik gewiss das Beste für Deutschland, Europa und die Welt. Nur - sie waren zu doof, das Beste zu erkennen.

AfD-Experiment: Kann eine links-sozialistische Gesellschaft ohne Gewalt umgewandelt werden in eine liberal- rechts-konservative?

Die AfD will Rousseau, Marx, (Gauting) und Mutter Theresa töten.

Twittersammlung 7

29.04.2016

Interessegeleiteter oder purer Blödsinn:
Kriege werden nicht militärisch gewonnen.
Grenzbefestigungen halten Menschen nicht fern

Warum soll ich der Gehirntätigkeit von Politikern und Journalisten vertrauen, die vielleicht nur Produkt eines unreflektierten Mainstreams sind oder schlicht Ergebnis eines geringen IQs?

Ich würde mich über ein Streitgespräch Jakob Augstein gegen Michael Klonovsky freuen: Strohdoof gegen Substanz

Spiegel-Online-Interview mit Prof. Jörg Meuthen: Doof gegen Liberal-konservativ

Was ist falsch, wenn AfD individuelle Religionsausübung gar nicht antastet, den mittelalterlichen politischen Islam aber bekämpft?

Ich fühle mich im Kreise bedeutender Islamkritiker sehr wohl:
Otto Schily, Alice Schwarzer, Hamed Abdel-Samad, Nekla Kelek, Salman Rushdie, Hirsi Ali, Voltaire, Karl Marx, Atatürk, Gandhi, Churchill, Ralph Giordano, Schopenhauer, Oriana Fallaci, Friedrich dem Großen, Herder, Flaubert, Tocqueville...

Ich bin nicht homophob, aber entschieden der Meinung, dass diese sexuelle Orientierung nur Plan B der Natur ist

Westliche Moderne: Ich lasse mir eine dritte Arschbacke implantieren, weil Hinterteile „in" sind

Einfache politische Botschaften müssen nicht schlechter sein als kompliziert gemachte

Kardinal Woelki: „Wer JA zum Kirchturm sagt, muss auch Ja zum Minarett

sagen"
Wenn beide JAs gleichwertig sind, dann kann der Muezzin von Kirchtürmen
rufen und Glocken von Minaretten erklingen

Der Syrien-Krieg, einmal anders erzählt

29.04.2016

In der WELT treibt ein Journalist sein Unwesen, der fortwährend in Putin einen
Erzbösewicht sieht und in Assad einen „Schlächter seines eigenen Volkes".
Aber bereits vor Monaten hat Harald Kujat, der ehemalige Generalinspekteur
der Bundeswehr, die begründete Vermutung geäußert, dass das rigorose
Eingreifen der russischen Luftwaffe für Assad die Friedenskonferenz in Genf
erst möglich gemacht habe.

Jetzt ist ein Bericht in CICERO vom Mai 2016 erschienen, in dem der
angesehene amerikanische investigative Journalist und Pulitzer-Preis-Träger,
Seymour M. Hersh, viele Fakten (?) ausbreitet, die den Syrienkrieg in einem
veränderten Licht erscheinen lassen:

Sogenannte „gemäßigte" Rebellen gibt es fast gar nicht und die
Freie Syrische Armee ist eine Randgruppe, die auf einer Luftwaffenbasis in
der Türkei stationiert ist.
Hohe US-Militärs haben bereits 2013 davor gewarnt, ein Sturz Assads würde
verheerende Folgen haben. Die Dschihadisten hätten die Opposition fest im
Griff. Waffen, die die USA diesen Gruppen lieferten, landeten beim IS und der
al-Nusra-Front.
Noch nie hat der oben erwähnte Journalist die einflussreiche sogenannte
„gemäßigte" Miliz Ahrar al Scham erwähnt, die einen islamischen Staat
errichten will.
Die Lage ist verworren!

„Logische" Kausalreihe?

28.04.2016

Der Trend zur Akademisierung wird für die Fachkräftesicherung zunehmend
zum Problem. Dieser Trend wird begründet durch einen anderen Trend,
nämlich den zum Gymnasium. In Hamburg gehen gegenwärtig 54 Prozent
eines Jahrgangs mit zwangsläufiger Senkung des Niveaus auf diese
Schulform. (Eltern meiden nicht nur in Hamburg die Stadtteilschulen oder
ähnliche Einrichtungen, weil sie dort berechtigt ungelöste, von der Politik
verschuldete Probleme vermuten: große Heterogenität, die Ausländerquote,
die aberwitzige Inklusionsbeschulung...)
Wenn viele das „Zeugnis der Reife", wie das Abitur vormals hieß, nicht
„erkämpfen", sondern „ersitzen", dann ist es auch kein Wunder, dass die
Abbrecherzahl an den Universitäten steigt.
Zu diesem Dilemma hat vorrangig die politische (marxistische) Vorstellung

beigetragen, dass bei entsprechender Methodik und Didaktik allen alles beigebracht werden kann.

PS In Bayern wird „konservativ" zu „progressiv", weil der Freistaat nicht die kranke Reformitis mitmacht.

Kampf um den rechten islamischen Glauben

27.04.2016

Der Islam bekämpft sich in seinen verschiedenen Vorstellungen selber. Nicht nur das! Auch Islamwissenschaftler liefern ganz verschiedene Interpretationen dieser Religion.
Die Frage: „Gehört der Islam zu Deutschland?" beantworten die Deutschen mit kurz über 50% mit „Nein". Man darf sie berechtigt mit „Ja" beantworten, wenn man nur das äußere Erscheinungsbild meint: Minarette, Moscheen, Kopftuchträgerinnen, Vollverschleierte, Dönerbuden, andere Läden usw. Versteht man darunter aber, dass der Islam die deutsche Gesellschaft, Verfassungsorgane und Kultur „geprägt" hat, dann muss man eindeutig mit „Nein" antworten, auch wenn bisweilen behauptet wird, das „Gastarbeiter" Deutschland geprägt haben, dass arabische mittelalterliche Denker, die in Philosophiegeschichten nur in Anmerkungen erwähnt werden, am Anfang der Aufklärung stehen, dass die Araber griechische Philosophen übersetzten („übersetzten"!, - nicht eigene „Ideen" entwickelten).

Desweiteren muss man die Apologeten fragen, „welcher Islam" denn zu Deutschland „gehören" sollte:
die „religiöse" islamische Religion der Barmherzigkeit und der Suche nach Seelenheil, aber auch mit dem bisweilen verschleierten Anspruch auf Absolutheit

der Salafismus der „Altvorderen" mit Vorstellungen aus dem 7. und 8. Jahrhundert

der weltweit verbreitete Dschihadismus und Terrorismus, der Religion und politischen Machtanspruch verknüpft

Und wenn man sich in dieser Differenzierung für einen „friedlichen" Islam entschieden hat, dann bleibt immer noch ein tiefes Erschrecken über Meinungsumfragen unter europäischen Muslimen, deren Vorstellungen zum großen Teil überhaupt gar nicht mit westlichen Werten vereinbar sind.

Homophobie

27.04.2016

Ich bin nicht homophob. Ich bin aber der Meinung, dass diese sexuelle Orientierung nur Plan B der Natur ist.

Gegensätze: wahr oder falsch?

27.4.2016

„Die Flüchtlingspolitik der Kanzlerin ist ein epochaler Fehler und „das größte Sozialexperiment seit der russischen Revolution" (Sarrazin)
gegen
Flüchtlinge und Migranten sind ein „Geschenk" für Deutschland und machen es „bunter" und vielfältiger (Göring-Eckardt).
Langfristig wird Deutschland Vorteile haben durch die Zuwanderung (eine Zahl wird nicht angegeben).

„Einwanderung aus Regionen, in denen eine durchschnittlich niedrige kognitive Kompetenz vorherrscht, darf nur selektiv erfolgen, wenn sie Deutschland wirtschaftlich nicht schaden soll" (Sarrazin). „Der Staat darf nicht barmherzig sein, - sondern gerecht" (Richard Schröder).
gegen
Deutschland darf keine bedürftigen Migranten unbarmherzig abweisen. Das ist auch gar nicht das Problem. Denn es kommen ja nur gut ausgebildete Zuwanderer nach Deutschland, die den Schwund bei Arbeitskräften ausgleichen werden.

Wenn schon aggressive Kritik, dann bitte an allen Thesen.

Aus einem Interview mit Sarrazin: Dumm gegen Klug

27.04.2016

„Wenn Sie auf so vielen Seiten darlegen, dass in Ländern, in denen Muslime in der Minderheit sind, diese zu den unteren Schichten gehören, dann befördern Sie rassistische Vorurteile und Diskriminierung".

„Nein. Denn die Wahrheit befördert nie Vorurteile".

Sarrazin ist wieder da

26.04.2016

Thilo Sarrazin ist klüger als viele Politiker und Journalisten. Daher lehnen sie ihn ab oder verstehen ihn nicht. Anstatt seine Argumente mit ihm zu diskutieren, versuchen sie, ihn als Person zu vernichten.
Seine Thesen werden referiert, ohne sich mutig zu richtig oder falsch zu bekennen.
Es ist völlig belanglos, ob der Durchschnitt der Muslime durch Vererbung restringiert ist, oder durch mittelalterliche Traditionen, Familienzentriertheit mit „hyperreligiösen Taugenichtsen" (Buschkowsky), Wissenschaftsfeindlichkeit und autoritärer Geistesverarmung.
PS „Der Staat darf nicht barmherzig sein, - sondern gerecht" (Richard Schröder)

Obamas naiver Appell an Europa

26.04.2016

Obamas überschwängliches Lob für Merkel und der Kommentar in einer großen Zeitung sind fast kindlich:
„Es braucht wohl einen amerikanischen Präsidenten, um die Europäer aufzurütteln und zu mehr Einigkeit zu mahnen". Ging die Mahnung an Angela Merkel? Wenn diese Mahnung eines Einzelnen, der kein Religionsstifter oder Begründer einer Philosophenschule ist, so notwendig war, dann hätte zum Mini-Gipfel im Schloss Herrenhausen auch der Ungar Orban und der Österreicher Faymann eingeladen werden müssen.
 Die Thesen, die Obama verkündete und die das Gewissen der Europäer aufrütteln sollten, lauten - ergänzt durch kritische und konkretisierende Zusätze - wie folgt:
„Falsches Denken kann zu Unterdrückung führen, zu Apartheit, zu Internierungslagern, zum Holocaust und zu Srebrenica" - und zu Madrid, London, Paris, Brüssel und zum Iran des düsteren Geistes Khomeini.
„Die Ideale Europas erleuchten die Welt" - leider nicht den Nahen Osten mit seinen islamischen Religionskriegen.
„Die Europäer sind stärker, wenn sie zusammenstehen, als wenn sie alleine sind" - Meint er damit einen Staatenbund oder einen Bundesstaat?
„Ihr seid die Erben eines Kampfes um die Freiheit" - Den Begriff „Freiheit" sollte er mal „unseren muslimischen Mitbürgern" erklären.

Obamas Lob

24.4.2016

Trotz des überschwänglichen Lobes von Obama - Merkel hat Deutschland durch ihre undurchdachte Willkommenskultur riesige Probleme aufgebürdet (vom BAMF über Turnhallensanierung bis zu schweinefleischlosen Kantinen), die es ohne ihre alternativ- und diskussionslosen Entscheidungen nicht hätte und auch nicht haben müsste. Was fällt der eigentlich ein, den Deutschen ihren Willen zu oktroyieren?
Andere Völker Europas kommen nämlich mit anderen Entscheidungen ihrer Regierungen sehr gut zurecht, leiden nicht darunter und entwickeln auch kein schlechtes Gewissen. Sie überschreitet anmaßend ihre Kompetenzen. Die Deutschen haben Merkel nicht vorrangig als Weltenretterin gewählt, sonder als Bundeskanzlerin, die gemäß ihrem Eid ihre Kraft dem Wohle des deutschen Volkes widmen soll, seinen Nutzen mehren und Schaden von ihm wenden muss. Wenn das kein Meineid ist, den Merkel begeht, dann will ich Meier heißen.

Bundespräsidentenwahl in Österreich

24.04.2016

Ein gutes Drittel der österreichischen Wähler hat am Sonntag beim ersten Wahlgang zum Bundespräsidenten für Norbert Hofer gestimmt, den Kandidaten der „rechtspopulistischen" FPÖ.

Da ist es nicht überraschend, dass alle Mitte- und Linkspopulisten gequält aufjaulen.

Terroristische Einzeltäter

24.4.2016

Die Attentäter von Madrid, London, Oslo, Paris, Brüssel und in anderen Regionen der Welt sind keine radikalisierten Intellektuellen: Professoren, Journalisten, Politiker, metaphysisch verirrte Philosophen o.ä., sondern Menschen vom „Laternenpfahl ganz unten", wo Hunde ihr Geschäft verrichten: Kriminelle, Drogensüchtige, größenwahnsinnige Fanatiker, Schizophrene o.ä. Sie werden leider aufgewertet, indem sie nicht als irre Einzeltäter gesehen werden, sondern als Rädchen mit „intelligenten" Theorien in größeren Vereinigungen: IS, al-Qaida, al-Nusra o.ä., die häufig nach Anschlägen „die Verantwortung übernehmen". Diese Zuordnung macht solche terroristischen Massaker zu global überhöhten Kriegshandlungen. Aber die Abwehr der Einzeltäter bleibt leider sehr kompliziert.

Diskussionen in der Demokratie

24.04.2016

In der Vergangenheit haben sich nur vermeintliche Eliten, Journalisten und Politiker, über den richtigen Kurs der Politik unterhalten. Durch die sozialen Netzwerke hat jetzt auch „das Volk" (vulgus) die Möglichkeit bekommen, zwischen den Wahlen seine Meinung - bisweilen „vulgär" - zu äußern.

Die Bürger sagen sich, warum soll ich dieser oder jener politischen Knallschote, deren Fehler unübersehbar sind, mehr vertrauen als mir selber. Und es wird auch schneller deutlich, dass ursprünglich verfemte Kritiker mit ihren Analysen und Prognosen das Weltgeschehen besser gedeutet haben als mancher Schwimmer im Mainstream.

Das gilt für die Hassfigur Thilo Sarrazin, für den klugen Satiriker Henryk M. Broder und verstärkt auch für führende Politiker der AfD wie Frauke Petry und Alexander Gauland. Ursprünglich verhetzt, haben sie sich berechtigt ihren Platz in den Medien erkämpft. Denn mir ist von den genannten Personen noch nie so ein logischer Stuss zugemutet worden wie Merkels Meinung, man müsse die Zahl der Zuwanderer stark reduzieren, aber die Grenzen öffnen und gleichzeitig Österreich für die Grenzkontrollen loben.

PS Empfehlung an die Medien: Lassen Sie den Politikwissenschaftler Werner J. Patzelt häufiger zu Wort kommen.

„Zerstörerisches" Mitleid

Im neusten Focus (12/2016) steht ein Bericht von Uwe Wittstock über Thilo Sarrazin und sein neues Buch „Wunschdenken". Neben allerlei positiven Anmerkungen fragt sich der Autor am Ende aber doch - in beleidigender Form -, warum bei so großen intellektuellen und analytischen Fähigkeiten „nichts anderes herauskommt als rhetorisch glänzend verpackte Mitleidslosigkeit".

Das ist genau der Ton, den unser Land in aufsteigender Linie der SPD, der Linken und den Grünen „verdankt", und den viele so gerne hören: Mitleid, Mitleid über alles für die allgemein defizitären Menschen! Deshalb wird Sarrazin maßlos missverstanden. Er denkt aber als Wissenschaftler, nicht als Pastor (wohl besser als Angela Merkel) mit großem Sachverstand „vom Ende her", vergleichbar mit Max Weber.

Was nützt Mitleid, wenn durch sein Übermaß alle darunter leiden?

Sarrazin hat völlig recht, dass den potenziellen Zuwanderern die Hoffnung genommen werden muss, in Europa ihr Glück zu finden. Sonst werden die Migrantenströme besonders aus Afrika Europa destabilisieren. Selbstverständlich müssen wirklich Bedürftige weiterhin aufgenommen werden.

Ein vielleicht zynisches, aber schlagendes Beispiel für „zerstörerisches" Mitleid: Es sollen Schiffbrüchige in einem Rettungsboot verzweifelte Menschen durch Schläge abgewiesen und dem Tode überantwortet haben. Wenn man sie aus Mitleid aufgenommen hätte, wäre das Boot gesunken.

Vertrottelt?

Ich habe alle Examina an der Universität und später im Beruf erstens bestanden (was man nicht von allen Politikern sagen kann) und zweitens mit mindestens „gut". Nun frage ich mich ernsthaft, ob mein Geist durchs Alter vertrottelt wurde, weil ich nicht der Meinung bin, dass „der Islam" zu Deutschland gehört, und weil ich mit der Flüchtlingspolitik der Regierung-Merkel und auch fast aller Oppositionsparteien nicht einverstanden bin.

Verarschung

Mein „westlicher" Verstand ist verletzt und beleidigt. Daher stelle ich folgende Fragen:

Warum verhüllen nicht auch Muslime ihr Haupthaar? Warum laufen sie nicht mit Vollschleier und Gesichtsverhüllung herum, oder wenigstens mit Scheuklappen, um vom weiblichen Geschlecht nicht verführt zu werden?

Warum geben sich fremde Männer die Hand? Respektieren sie einander nicht? Denn das ist ja die blödsinnige Begründung dafür, dass man einer fremden Frau den Handschlag verweigert.

Twitter-Sammlung 6

Zur Imageverbesserung gibt Merkel in einem Zwergenproblem (ihr Böhmermann-Urteil) einen Fehler zu, um die Kritik an einem viel größeren (Flüchtlingspolitik) zu kontern: „Ich kann Fehler zugeben!" Schlau!?

Ich mag die AfD, weil sie besonders unfair von meinen Lieblingsdoofen kritisiert wird.
Ich bin für eine Reformation des Islam, und zwar so weit, dass das Christentum dabei herauskommt.
Viel zu wenige Flüchtlinge kommen gegenwärtig nach Deutschland, um den Arbeitskräftemangel zu beheben. Also: Willkommenskultur wiederbeleben!
Es gibt so viele Schulreformen und Diäten, weil beide keine Erfolge vorzeigen können.
Alle Rechten in der Welt zusammengezählt ergeben Hunderte von Millionen, wenn nicht sogar eine Milliarde. Wer definiert sie als rechte Spinner?
Welches Interesse haben die USA und andere, Baschar al-Assad zu stürzen? Gewiss in erster Linie kein moralisches.
Warum bemüht man sich verzweifelt, in Afrika Verhütungsmittel zu verbreiten? Etwa deshalb, weil man die Tradition des zahlreichen Kinderkriegens brechen will?
Wenn die Schengengrenze zwischen der Türkei und Griechenland gar nicht kontrollierbar ist, dann war das schon anfangs eine Fehlplanung.

Multikulti

Wenn Tiger und Schaf zusammenliegen, Hund und Katze gemeinsam spielen, dann beseelt uns ein heiliges Gefühl für Frieden, Gerechtigkeit und Harmonie. Allein so etwas gibt es nicht.
Wir übertragen diese Sehnsucht auch auf menschliche Gesellschaften und Gemeinschaften. Da malen wir uns das Ideal aus, wie schwarze mit weißen und rote mit gelben Menschen frisch, fröhlich und frei zusammenleben. Nur wird dabei übersehen, dass nicht nur äußere Hüllen aufeinander treffen, sondern Großhirne in unterschiedlichster Prägung: friedliche, freundliche, aggressive, manipulierte, egoistische und kulturell verkorkste.
Da gibt es dann Phobien, die von der Natur nicht nur in Flora und Fauna sehr effektiv als Schutz im eigenen Überlebenskampf entwickelt wurden, sondern auch Menschen entscheiden, mit wem sie zusammenleben wollen und können, z.B. nicht mit Gesetzesbrechern und nicht mit zu vielen und zu andersartigen Kulturfremden. Menschen mit Penisschmuck sind in der (kalten) zivilisierten westlichen Welt undenkbar. Ebenso muss diskutiert und entschieden werden, ob ein Volk Multikulti überhaupt will, - was aber eine

„Elite" in Deutschland bereits entschieden hatte.
Die Probleme in der Gesellschaft waren damit vorprogrammiert.

AfD: Alexander Gauland

22.4.2016

Also: Alexander Gauland ist vertrauenserweckender, klüger und mit mehr Erfahrung ausgestattet als manches Pipimädchen aus der Versenkung, das ihm in Diskussionen Paroli bieten will mit der Behauptung, die Aufklärung beruhe auf dem Wirken arabischer gelehrter des frühen Mittelalters, oder mit bekannten politischen Größen und Scheinintellektuellen, die ihn mutwillig und verzweifelt missverstehen wollen oder nicht verstehen können.

AfD und Islam

21.04.2016

Alexander Gaulands (AfD) Behauptung, dass der Islam „immer mit der Übernahme des Staates verbunden" sei, ist nicht zu widerlegen, selbst wenn es europäisch geprägte Muslime gibt, die diese Verbindung ablehnen. Überall, wo Muslime in der Minderheit sind, überschlagen sie sich vor Toleranz und Verfassungskonformität. Sobald sie aber die Mehrheit errungen haben, bleibt von diesen Qualitäten nicht viel übrig. Und das ist konsequent und Koran verpflichtet gedacht.
In langen geistesgeschichtlichen Kämpfen ist die Trennung von Staat und Religion in westlichen Staaten durchgesetzt worden. Staatskirchentum und Theokratie sind abgeschafft. Blickt man aber auf eine Weltkarte, so erkennt man, dass vor allem in islamisch-geprägten Ländern der Islam Staatsreligion ist. In der Verfolgung anderer religiöser oder säkularer Ziele bleibt dann nur noch Krieg als Konsequenz.
Auf diese latente Gefahr hinzuweisen und vielleicht sogar (zurzeit übertriebene) Schutzmaßnahmen zu ergreifen, darf nur differenziert und kenntnisreich geantwortet werden. Und da sich einige terroristische Interpreten des Koran auf Suren berufen, die das Töten von Ungläubigen fordern, kann man auch behaupten, dass diese Variante mit dem Deutschen Grundgesetz nicht vereinbar ist.

Deutsche Wirtschaft Superstar

20.04.2016

Der Einfluss und die Macht von Angela Merkel in Europa beruht nicht vorrangig auf einer einzigartigen Intelligenz und auf heroischer Humanität, sondern vornehmlich auf Deutschlands Wirtschaftskraft.

Der Islam gehört zu Deutschland, – oder?

20.04.2016

Gesetzt den Fall, ich sei der Meinung, der Islam gehöre zu Deutschland, ich sei bedingungslos islamophil und es gäbe gar keine realen Probleme mit den Gläubigen dieser Religion,

dann müsste ich meinerseits Personen der Geschichte, wie Voltaire, Marx, Atatürk, Pascal, Churchill, Hirsi Ali, Hamed Abdel-Samad, Nekla Kelek, Henryk M. Broder und viele mehr, die den Islam in seiner aktuellen Form nicht sehr hoch geschätzt haben/schätzen, wegen eines falschen Islamverständnisses kritisieren.

Dann müsste ich alle Meinungsumfragen, die ein katastrophales hinterwäldlerisches Islambild vieler Muslime offenbaren, als interessegeleitet ablehnen,

dann müsste ich desweiteren den Unsinn behaupten, wie ihn eine Muslimin der CDU vertrat, dass die Gastarbeiter prägend auf die deutsche Gesellschaft gewirkt haben,

dann könnte ich zur Festigung einer solchen Überzeugung und zu einer eventuellen Konversion die Muslime fragen, was sie eigentlich glauben, und worin der Mehrwert zum Glück bestehe im Vergleich zu anderen Religionen.

Angela „Makellos"

Dass Angela Merkel in ihrem „alternativlosen" Denken und diskussionslosen Handeln keine Fehler gemacht haben sollte, können nur blinde Parteifanatiker oder Parteitaktiker behaupten.

Nur ein ganz kleines Beispiel unter vielen wesentlich größeren:

Erst durch die mazedonische Grenzschließung wurde es möglich, die Balkanroute zu schließen. Dafür gab es viel Lob aus Brüssel. Angela „Makellos" aber äußerte daran Kritik und machte dadurch den unglücklichen Menschen in Idomeni Hoffnung, dass „Merkel helfen" würde.

Nicht alle...

Nicht alle Verbrecher sind kranke Menschen.
Nicht alle lernschwachen Schüler sind gesellschaftlich geschädigt.
Nicht alle „troubleshooter" wie unverschämte Muslime oder Salafisten können für sich ein Toleranzedikt in Anspruch nehmen.
Nicht alle Migranten „kommen aus der Hölle".

Cui malo?

Bekannt ist die Frage „Cui bono?" (Wem nützt es) bei der Aufklärung von Verbrechen und anderen Taten. Im Zusammenhang mit dem im Grundsatzprogramm der AfD geplanten Verbot, Minarette zu bauen und den

Ruf des Muezzins zu untersagen, kann man fragen „Cui malo?" (Wem schadet es?").

Es schadet zwar dem Machtanspruch des politischen Islam. Es schadet aber nicht dem einzelnen Muslim, der seine Religion weiterhin frei und individuell zu seinem Seelenheil in der Moschee ausüben kann.

Die Meinung von Beatrix von Storch (AfD), dass „der Islam" mit dem „deutschen Grundgesetz nicht vereinbar" sei, ist falsch. Nicht „der Islam" bedroht die Bundesrepublik, sondern der „politische Islam". Und dessen Symbole müssen nicht unbedingt eine diskussionslose Verbreitung finden.

Aber Merkels Einwand gegen dieses Verbot ist sogar in dreifacher Hinsicht falsch. Erstens gibt es nicht den „einen" Islam, und zweitens gehört er nachweislich nicht zu Deutschland. In keiner Beziehung kann man eine Prägewirkung dieser Religion beweisen. Und wenn´s wahr wäre, dann brauchte man sich nicht verzweifelt bemühen, Muslime in abendländische Werte zu integrieren.

Urlaubseindrücke 3 / Fortschrittsfeinde

18.04.2016

Alessandro Paganini besaß im 16. Jahrhundert eine Buchdruckerei in Toscolano am Gardasee. Er druckte Koranausgaben, um auf dem arabischen Markt Geld zu verdienen. Das Vorhaben endete in einem Drama. Sein Schiff wurde im Arabischen Meer mit allen Ausgaben versenkt, weil man zu jener Zeit den Koran nicht maschinell vervielfältigen durfte.

So war sie und so ist sie - Allahs Gemeinde. Es gibt im arabischen Raum keine Erfinder, keine Internetfirmen von Weltrang, keine großen Industriekonzerne, keine kulturelle Vielfalt.

Urlaubseindrücke 2 / Augen und Verstand korrelieren

17.04.2016

Muslimische Frauen in schwarzer Vollverschleierung, - und mit geringerer Intensität Allah-Jüngerinnen mit Kopftuch - beleidigen und verletzen sowohl meine Augen als auch meine Vorstellung von einem gelingenden Leben.

Augen und Zorn bilden aber gleichfalls ein korrelierendes Paar, wenn

ich zugepflasterte Vordergärten sehe,

Kinder in Einkaufszentren ausgestopfte Wildtiere bewundern,

Wohnblogs mit Satellitenschüsseln vollgehängt werden,

historische Stadtzentren durch Autos vollgeparkt und entstellt sind,

Windräder und Sonnenpaneele keine Wüsten, sondern schöne Landschaften verderben,

Kinder als Models oder Starletts ihre Eltern aufwerten müssen,

ein schwules Paar ihr adoptiertes Kleinkind wie eine Trophäe vor die Kameras hält.

Merkelismus ist nicht gleichbedeutend mit Humanität

18.4.2016

Je näher Angela Merkel dem Friedensnobelpreis rückt und je mehr sie, besonders von deutschen Kommentatoren, in den Rang der einzig vernünftigen, solidarischen, weitsichtigen und mitleidigen Europa-Politikerin erhoben wird, desto größerer Zorn beschleicht mich. Auch in anderen europäischen Ländern wird ihre Rolle nicht so positiv gesehen:
Sie provozierte eine ungesteuerte Einwanderungswelle von Kulturfremden, deren Integration Jahrzehnte dauern wird, - wenn sie denn überhaupt gelingt.
Als Konsequenz kommt es zu einem Ausbruch latent vorhandener Fremdenfeindlichkeit.
Sie erschwerte durch ihre einsamen Entscheidungen die Integration europäischer Staaten.
Sie erleichterte durch ihre unüberlegte Willkommenskultur einen möglichen Brexit.
Sie sah nicht voraus, dass sie Deutschland innerhalb Europas zunehmend isolieren würde.
Merkel machte einen Riesenfehler, gesteht ihn nicht ein, sondern schreibt ihn fort, so dass viele glauben, das sei eine intelligent durchdachte Methode. Irgendwann aber wird ihr unheimlich und sie ruft: „Rette mich, wer kann!"
Es ist ein historischer Witz, dass so viele wahrscheinlich intelligente Menschen monatelang über den horrenden Blödsinn einer durchgeknallten gesinnungsethischen Physikerin auf dem Thron der Bundesrepublik Deutschland schwadronieren.

Ein inhumaner Vorschlag?

18.04.2016

Ich bin überzeugt, dass Militärstrategen und zivile Sicherheitsexperten Europa zu einer „Festung" ausbauen könnten - in Deutschland flankiert durch die Rücknahme zu großzügiger Sozialgesetze für Flüchtlinge und Migranten. Bei den weltweiten Konflikten, Katastrophen und Kriegen mit Millionen von Flüchtlingen und Migranten ist das auch nötig.
In diese „Festung" könnte man Kontingente von erwünschten Zuwanderern hineinlassen, die jedes Land vorher verspricht. Berechtigte Asylbewerber laut Definition und entsprechend einer vereinheitlichten europäischen Asylgesetzgebung sind selbstverständlich aufzunehmen, und humanitären Institutionen soll es überlassen bleiben (Kirchen, Amnesty International, der Vatikan, UNHCR, Pro Asyl, die Grünen), Patenschaften mit allen sozialen Verpflichtungen für weitere wirklich Bedürftige zu übernehmen.

Der Anti-Islam-Kurs der AfD

18.04.2016

Die AfD will eine Verschärfung des islamkritischen Kurses in der Partei in ihrem Grundsatzprogramm durchsetzen. Das stößt erwartungsgemäß auf heftigen Widerstand anderer Parteien. Man könne eine weltweit praktizierte Religion nicht einfach „verbieten", sondern solle im Gegenteil die reformerischen Kräfte unterstützen, die einen politischen, aggressiv geprägten Islam ebenfalls zu überwinden versuchen. Dieser Ansatz ist richtig. Nur wie soll er in der Praxis funktionieren?

Warum sollten denn deutsche Muslime anders reagieren als die von ihrer Religion verkorksten Muslime in England (vgl. die Studie des Institutes ICM „Was britische Muslime wirklich denken") Das Bild, was dort erforscht wurde, ist katastrophal und hat mit westlichen Werten nichts zu tun.

Eine vorläufige Lösung, bis sich die Reformer des Islam in ferner Zukunft durchgesetzt haben, könnte darin bestehen, dass man keine Toleranz gegen Intolerante predigen darf und keine absurden Entscheidungen fällt (Schweinefleischverzicht in Kantinen, geschlechterspezifische Zeiten für Wasserrutschen), dass man kein Appeasement gegenüber erklärten Salafisten und Dschihadisten walten lässt, und dass man endlich erkennt und öffentlich verbreitet, dass es den „einen" Islam nicht gibt.

Solange sich die zerstörerische Form des Islam ausdehnt, darf man gerne auch mal den Bau von Moscheen verbieten, wenn man den Bauträger kennt, oder Gesetze verschärfen, um gefährliche „unmoralische" Werbung zu verbieten, nicht bis zum Überdruss behaupten, dass Gewalt und Terror „nichts mit dem Islam zu tun" habe, dass man zugesteht, dass es sich um einen „ideologischen, theologischen und politischen Krieg der Welten und Kulturen" handelt (Bernard-Henry Levy).

Urlaubseindrücke 4 / Italien

17.04.2016

Im Durchschnitt kann kein Volk in Europa so freundlich und menschlich lächeln wie die Italiener. Und sie reagieren charmant schlagfertig auf verbale Späße.

Urlaubseindrücke 1 / Bayern vorn

17.04.2016

Warum steht der Freistaat Bayern in fast allen Bereichen an der Spitze der deutschen Bundesländer?
Weil sich die Menschen dort den „common sense" bewahrt haben, schöne Volkslieder singen, bewährte Traditionen bewahren, die Addition 2+2=4 weiterhin gilt, und weil dort keine logisch embryonalen Typen verbreitet sind wie Katja Kipping und andere halbvergorene Steuerverschwender.

Putins teuflisches Referendum

08.04.2016

Zweieinhalb Millionen Niederländer haben das Assoziierungsabkommen mit der Ukraine abgelehnt. Damit stürzen sie auch das Machtgefüge der europäischen Union in eine kleine Krise. Sie lehnen Brüssels undemokratischen Erweiterungs-, Integrations-, und Regelungswahn ab.

So weit, so gut. Aber dann „erkennt" wieder ein manischer Welt-Kommentator den eigentlichen Gewinner dieses Wahlausganges. Es ist Wladimir Putin, der nur Zerstörung im Kopf hat. Durch dieses Referendum werde Putins Bestreben gestärkt, die Ukraine ins Chaos zu stürzen, und sie vom europäischen Weg abzubringen. Er komme seinem Ziel näher, die EU zu spalten und zu zerstören. Er werde ermutigt, sich noch intensiver destabilisierend in die Belange der EU einzumischen.

Wahrscheinlich hat der Teufel Putin auch aus Mordlust in den Syrienkrieg eingegriffen, um gleichzeitig Flüchtlinge zu produzieren, die Europa überschwemmen sollen. Denkbar wäre auch eine Demonstration seiner militärischen Stärke, um den Chinesen am Ussuri Angst einzujagen.

Ich glaube, dass Putins Interessen einfacherer und plausiblerer Natur sind, wenn auch nicht unbedingt zu billigen.

An das Landgericht Duisburg

06.04.2016

Sehr geehrte Damen und Herren,

nachdem das Gericht die Eröffnung eines Strafprozesses gegen Verantwortliche der Loveparade abgelehnt hat, bleiben für mich doch noch zu zwei Begebenheiten Fragen, die bisher noch nirgendwo gestellt bzw. beantwortet wurden:

1) Um die tragischen Ereignisse zu dokumentieren, wurden in den Medien Menschen gezeigt, die einen Abhang hinaufliefen. Unten stand ohne Anzeichen von Panik eine Menschenmenge, in der einige rauchten, andere fotografierten.

Frage dazu: Liefen die Menschen den Hügel in Panik -wie behauptet - hinauf, oder hatten sie eine Lücke entdeckt, um pünktlich mit Beginn der Musik auf das Festgelände zu gelangen?
Ist dieses Problem vom Gericht gewürdigt worden?

2) Im Fernsehen wurde ein Tag nach der Tragödie gezeigt, wie Besucher einen Zaun, der von Polizisten und Helfern verteidigt wurde, eindrückten. Dieser Zaun war offensichtlich errichtet worden, um den Zugang zur Rampe, die aufs Festgelände führte, zu verhindern. An dieser Stelle starben die meisten Menschen, weil sie über die eingedrückten Metallzäune stolperten und zu Tode getrampelt wurden.

Frage dazu: Haben die Besucher den Sperrzaun in Panik eingedrückt, um dem tödlichen Gedränge über die Rampe zu entkommen, oder wollten sie anfänglich erreichen, über diese Rampe pünktlich zu Beginn der Musik auf das Festgelände zu gelangen? Letztere Vermutung wird gestützt durch eine Szene, die im Fernsehen gezeigt wurde, in der ein Mann mit bloßem Oberkörper ganz zu Anfang des tödlichen Gedränges auf einem niedergetretenen Zaun stand und triumphierend ein weißes Tuch schwenkte. Ist dieses Problem vom Gericht erörtert worden?

Mit freundlichen Grüßen,
Dieter Rakete

Prophetische Gabe

06.04.2016

Gesinnungsethiker im Rausch, die Merkels „Willkommenskultur" unterstützt haben, lange bevor sie den „alternativlosen" Deal mit Erdogan geschlossen hatte, und bevor das kritisierte Österreich ihr „half", müssen eine prophetische Gabe besitzen, die ihnen Merkels politische „Genialität" offenbaren.

Merkels Flüchtlingspolitik wird Weltkulturerbe

06.04.2016

Merkels Flüchtlingspolitik wird Weltkulturerbe, sofern 27 EU-Staaten ihr Veto zurückziehen.

Wundersamer Machterhalt durch Weltabgewandtheit

05.04.2016

Die CDU hängt verzweifelt an Merkel,

obwohl sie Bücher verdammt, die sie nicht gelesen hat,
obwohl sie Volk und Land ablehnt, wenn es ihr in der Flüchtlingspolitik nicht folgt,
obwohl sie sich bei einem Potentaten wie Erdogan für eine Satire entschuldigt,
obwohl sie einsame Entscheidungen nicht nur in der Flüchtlingskrise trifft und geltendes Recht (Dublin und Asylrecht) außer Kraft setzt,
obwohl sie eine größere Zustimmung bei SPD und Grünen hat als in ihrer eigenen Partei,
obwohl sie Migranten ungeregelt ins Land lässt aus der zurückgebliebenen Welt des Islam, die eine frauenverachtende Gegengesellschaft bilden und der Demokratie generationenlange Emanzipationsarbeit aufbürden.

Warum dieses Beharren auf einer Frau, die historisches Chaos in Deutschland und Europa verbreitet?
Wahrscheinlich deshalb, weil die CDU glaubt, mit ihr doch noch die nächste Bundestagswahl zu gewinnen. Denn es gibt genug Gesinnungsethiker unter den Wählern, die von Merkels „Großmut" wie berauscht sind, wahrscheinlich auch kaum Bücher lesen und genauso weltabgewandt gehandelt hätten.

Allah wird anders „verehrt" als Buddha

Unbestreitbar dürfte sein, dass es in einem Land, in dem viele Muslime leben, größere Probleme aller Art gibt, als in einem Land mit wenigen Muslimen. Empirisch nachweisbar ist diese Tatsache an der Zahl der Terrorakte, an No-Go-Areas und an gewalttätigen Ausschreitungen. Da muss man nur Bergen in Norwegen mit Molenbeek in Brüssel oder Paris mit Budapest vergleichen. Aufschlussreich diesbezüglich wäre eine repräsentative Statistik, wie z.B. bei Tausend Muslimen die Verteilung aussähe für friedliche und barmherzige Muslime und Gewalt bereite Interpreten eines anderen Islam, - den Salafisten und Dschihadisten.

PS Es ist sicher: Allah wird anders „verehrt" als Buddha.

Verteilung der Flüchtlinge

Es ist nicht möglich, dass ein einziges Land die Masse der Zuwanderer aufnehmen kann. Daher gibt es Überlegungen für eine „solidarische" Verteilung mit zwangsähnlicher Zuteilung auf einzelne Staaten.

Dazu meint eine meiner grünen Lieblingsdoofen Göring-Eckardt: „Eine Aufenthaltserlaubnis und finanzielle Unterstützung gibt es nur in dem Land, dem sie zugeteilt wurden. Wer sich trotzdem auf den Weg macht, dessen staatliche Leistungen werden „abgesenkt".

In welchem Land werden sie „abgesenkt"?, und was kümmert es die Wanderer, wenn die Absenkung immer noch weitaus höher ist als im zugewiesenen Land? Ähnliche undurchdachte Probleme bei der Regulierung der Zuwanderung sind zahlreich.

Die Lösung kann nur heißen: Weniger Zuwanderer durch abschreckende effektive Grenzbefestigungen, deren Unmöglichkeit bisher nur behauptet wird. Das verbietet allerdings nicht, dass kirchliche Institutionen oder Privatpersonen „Patenschaften" für Flüchtlinge übernehmen.

Vereinigte Staaten von Europa

Der Ruf und die Sehnsucht nach einem „Staat Europa", der ein „föderaler europäischer Bundesstaat" sein soll, bleiben auf der politischen Agenda vieler Politiker und Journalisten, z.B. von Richard Herzinger in der WELT vom 4.April. Dieser Bundesstaat zeichne sich dadurch aus, dass ein erfolgreicher Abwehrkampf gegen den Terrorismus nur gesamteuropäisch geführt werden kann. Dieser Bundesstaat müsse gesamteuropäische Sicherheitsstrukturen aufbauen mit einheitlicher Justiz, einheitlichen Antiterrorgesetzen, Polizei und Geheimdiensten - überwacht durch gewählte Vertreter. Auch auf eine gemeinsame Asylgesetzregelung auf akzeptablem Niveau könnte man sich verständigen. Schwieriger wird es mit einer gesamteuropäischen Außenpolitik und einer schlagkräftigen europäischen Armee.

Solche Maßnahmen ließen sich aber durchaus auch in einem europäischen Staatenbund mit weitgehender Souveränität der Einzelstaaten mehr oder weniger durchsetzen, in denen die europäischen Werte wie Toleranz, Hochschätzung der Individualität, Freiheitsbegehren in vielen Bereichen, Weltoffenheit, Liberalität gelten. Auch um Solidarität, sofern sie nicht aufgezwungen wird, könnte man sich mit vernünftigen Argumenten streiten.

Dieser Staatenbund wird es aber ablehnen, Eigeninteressen durch eine Zentralbehörde mit Ideen von Juncker, Schulz und Merkel definieren zu lassen. In der gegenwärtigen Zuwanderungskrise lehnen es einige Staaten mit sinnvollen Argumenten ab, zu viele Muslime ins Land zu lassen.

Auch Agrarpolitik, Sozialpolitik in ganzer Breite, Finanzpolitik, Wirtschaftspolitik wird nur im Land Utopia harmonisiert und vollkommen vereinheitlicht werden. In Europa mit seinen unterschiedlichen Interessen, Sprachen und Jahrhunderte alten Kulturen ist das zum Glück unmöglich.

Der islamische Terror wird dauern

03.04.2016

Es ist zu befürchten, dass der blutige islamische Terror noch lange dauern wird. Er wird erst enden, wenn der Koran von blutrünstigen Suren gereinigt ist, und wenn sich der Islam zu einer Religion ohne politischen Machtanspruch entwickelt hat.

Den „einen" Islam gibt es nicht, sondern nur unterschiedliche Ausformungen, die die Islam-Gläubigen daraus machen. Es wird weiterhin Salafisten, Dschihadisten und Terroristen geben. Warum nämlich sollten nachfolgende Generationen nicht dem Irrsinn ihrer Vorfahren verfallen, solange es Irrsinns-Suren und einen totalitären Machtanspruch über alle Lebenswelten gibt?

Der Elchfang

03.04.2016

Ein germanischer Witzbold hat Caesar „einen Bären aufgebunden", indem er ihm „erklärte", wie man im hohen Norden Elche fängt. Diese Jagdart hat Caesar tatsächlich in einem Buch seines Werkes „Kommentare über den Gallischen Krieg" geschildert: Nachts schlafen die Elche an Bäumen angelehnt. Dann sägen die Germanen die Bäume durch. Sie fallen um, und mit ihnen die Elche, die sich allein nicht mehr erheben können.

Berichte genau solcher Art kursieren in allen Medien. Der jüngste ist erschienen in einer Sonntagszeitung über die Oppositionsrolle alawitischer Geistlicher in Syrien.

Das Wort hat Kanadas Einwanderungsminister

John McCallum berichtet in der FAZ vom 1.April über die klugen Maßnahmen zur Integration von Flüchtlingen und Zuwanderern in seinem Land. Es hat sich vor allem ein geregeltes System von staatlicher Unterstützung und privaten Patenschaften bewährt.

2016 will Kanada 44.000 Flüchtlinge und 300.000 Einwanderer aufnehmen.

Also: Scheu vor Obergrenzen haben die Kanadier nicht!

Bemerkenswert ist aber auch McCallums Meinung zur Situation in Deutschland: „Wenn zu uns, unerlaubt oder unaufgefordert, 500.000 Menschen kämen, das wäre ein Riesenthema, dem wir uns so nie stellen mussten". Anzunehmen ist, dass dieses „Riesenthema" nicht nahezu einstimmig wie im Deutschen Bundestag diskutiert würde.

Also: Die Oppositionsrolle der AfD ist eigentlich in einer Demokratie gerechtfertigt.

Dann gehen aber offenbar die Pferde des Sonnenwagens „Moral" auch mit ihm durch. Angela Merkel sei eine Heldin von unvergleichlicher Großzügigkeit und Menschlichkeit (fast könnte man meinen, er sähe in ihr eine biblische Gestalt, kurz hinter Jesus). Er wünsche ihr (sic!) alles Gute bei der Bewältigung dieser Herausforderung (und wo bleibt das Volk?).

Also: Für die Privatperson Merkel, die privat vielleicht alles meistert, mag das ja stimmen, nicht aber für eine Regierungschefin, die das Wohl des Ganzen bedenken müsste.

Blogs im März 2016

Twitter-Sammlung 5

31.03.2016

Ungarn, Polen, die Slowakei, die baltischen Staaten verhalten sich wirklich unsolidarisch: da gibt es nämlich keine terroristischen Massenmorde von Islamisten, kein Flüchtlingschaos. Ein wenig davon könnten sie den geschundenen Staaten doch abnehmen.

Wie heißen die Gegner von „Populisten"?

Allen Politikern, die irgendwie nach oben gespült wurden, wird von Journalisten gern politische Sensibilität und Klugheit unterstellt, nur der AfD nicht.

Claus von Dohnanyi mag Merkel, koste es, was es wolle. Er lässt sich seine ursprüngliche Meinung durch nichts verderben. Ein wahrer Prototyp für „Merkelismus".

Steinmeier und Merkel haben den Flüchtlingen in Idomeni wieder Hoffnung gegeben durch ihre Kritik an den Grenzschließungen.

Assads Armee hatte endlich eine sinnvolle Aufgabe gefunden, die Befreiung Palmyras, und muss nicht fortwährend Menschen foltern und massakrieren.

Wenn wir mit Terroristen beten und über Versöhnung nachdenken sollen, dann müssen diese Prinzipien auch für deutsche Rechtsradikale gelten. Und warum nicht auch für Kinderschänder?

Mit Augstein denke ich ununterbrochen über Versöhnung nach, egal mit wem.

Wie heißt es korrekt: „radikal-islamisch" oder „radikal-islamistisch"?

Irrsinn nicht verbal „adeln"

31.03.2016

Die Taten der islamischen Terroristen sind schrecklich und bringen großes Leid über ihre Opfer.
Aber ihre wirren Theorien, die sie überall verbreiten, muss man (- ohne die Taten -) in Schizophrenie, Psychosen und aus dem Irrenhaus einordnen.
Man darf ihr religiöses Synapsenchaos keinesfalls mit intellektuellen Analysen „adeln", entschuldigen oder zu verstehen versuchen, sondern man muss ihren Inhalt immer wieder verlachen, die Idioten mit satirischen Mitteln reizen und sein normales Leben weiter führen. Es ist bei Sicherheitsbehörden bekannt, dass viele terroristische Massenmörder bereits über eine kriminelle Karriere verfügten.

Hetze und Verleumdung gegen die „Angstmacher"

Es gibt fünf Gründe, weshalb die „rechtspopulistische" AfD für mich kein „Schmuddelkind" ist:

Sie ist islamkritisch.
Sie ist gegen die Flüchtlingspolitik von Merkel und allen anderen Parteien.
Sie wird von „Linkspopulisten" kritisiert, die ich für doof halte.
Sie wird verleumderisch ausgegrenzt.
Ich sehe nicht ein, warum allein „Links" das Wohl der Bürger garantieren soll.

Die häufig genannte Angst vor gesellschaftlichem Absturz oder diffuser Protest gehören nicht zu meinen Motiven.
Die an sich positiven Faktoren für eine lebenswerte Gesellschaft: weltoffen, liberal, tolerant sind auch meiner Meinung nach „umgekippt" (werden aber allmählich auch von etablierten Parteien in vernünftige Bahnen gelenkt). Weltoffenheit ist zu offen für alle, Toleranz ist zu tolerant für pervertierte und mittelalterliche Lebensformen, Liberalität ist zu liberal gegenüber Feinden der liberalen Gesellschaft.

PS Wie heißen eigentlich Gegner der Populisten?

Die Rechten in Europa

Vor einigen Jahren (1999-2000) brach in Europa die Hölle los. Die rechte FPÖ mit Jörg Haider wollte in Österreich zusammen mit der ÖVP die Regierung bilden. Sowohl europäische Regierungen als auch Medien hyperventilierten hysterisch.
Heute dagegen hüllen sich die ausländischen Regierungschefs gegenüber der rechten AfD in Schweigen, wahrscheinlich weil sie die einzige deutsche Partei ist, die ebenfalls wie sie Merkels Flüchtlingspolitik kritisiert.
Genauso wütend wie zu Haiders Zeiten reagieren aber deutsche Politiker und deutsche Medien, obwohl die AfD in ihrem geplanten Grundsatzprogramm auch ehemalige CDU- und gegenwärtige CSU- Positionen vertritt.
Der Grund mag darin liegen, dass sie widerwillig erkennen müssen, wie sehr ihre Macht angesichts der Realitäten beschränkt ist.
Auch „Birne" Kohl glaubten sie 1982 durch ihre vermeintliche Medienmacht schnell stürzen zu können. Da das nicht gelang, führten sie beleidigt (besonders STERN und SPIEGEL) einen fortdauernden miesen Kleinkrieg gegen den Kanzler. Nun ist „Birne" weg, und sie stürzen sich auf Frauke Petry.

Flüchtlingsmarketing

Wenn man Marketingexperten fragen würde, ob die Bundesregierung die richtigen Strategien entwickelt habe, um Flüchtlinge als Kunden zu gewinnen, dann würden diese Experten wahrscheinlich großes Lob zollen.

Man hat eine starke Marke aufgebaut: Merkel („Merkel help us"), die angebotenen Produkte bieten viele Vorteile, sogar mit Alleinstellungsmerkmal: Sozialhilfe, Arbeitsplatzversprechungen, geringe Abschiebungsquote und die „Waren" sind leicht zugänglich: Willkommenskultur.

Dohnanyi mag Merkel

29.03.2016

Dohnanyi mag Merkel, schon immer, basta! (WELT vom 29.3.) Da mag kommen, was will. Die Meinung steht.

Seiner Meinung nach hat Merkel den Platz rechts von der Union nicht geschaffen. Die Begründung für diese bizarre Meinung ist noch bizarrer. „Dann wäre sie ja auch für die Niederlande oder Finnland verantwortlich". Ist sie natürlich nicht. Das sind Niederländer und Finnen selber, dazu noch Balten, Polen und Ungarn.

Der tiefere Grund liegt für Dohnanyi in der rapiden Veränderung der Gesellschaft und der Auflösung gewohnter demokratischer Strukturen, - was immer das heißen mag.

Kann es nicht sein, dass viele Bürger Europas keinen Bundesstaat wollen, sondern einen Staatenbund, der weitgehend souverän bleibt, und wo Flüchtlings- und Islamkritik nicht verteufelt werden.

Da Merkel auch hierin anderer Meinung ist, hat sie den Platz rechts von der Union eben doch geschaffen.

Zwei Christen: Käßmann und Weihbischof Jaschke

28.03.2016

Beiden Christen sollten mit Max Weber ihre Moralvorstellung mindestens gedanklich relativieren. Die christliche Ethik ist nur eine von mehreren möglichen Basisbegründungen für Moral. Max Webers Diagnose christlicher Weltanschauung sollten sie wenigstens kennen, um den armen Menschlein mit ihrem Absolutheitsanspruch nicht Angst einzujagen oder ihre Wut zu provozieren.

„Denn wenn es in Konsequenz der akosmistischen (weltverneinenden) Liebesethik heißt: „dem Übel nicht widerstehen mit Gewalt", - so gilt für den Politiker umgekehrt der Satz: du sollst dem Übel gewaltsam widerstehen, sonst - bist du für seine Überhandnahme verantwortlich"(Max Weber).

Wer nach der Ethik des Evangeliums handeln will, der soll es tun. Aber er darf es nicht den Verantwortlichen im Staat rigoros abverlangen, weil er glaubt, dass seine Weltsicht die einzig mögliche ist.

Prosit Margot!

Friedensverhandlungen in Syrien

Es ist ärgerlich, wenn Emotionen erregt werden sollen mit Behauptungen (oder Bildern), die nicht gut begründet sind.

So eine Behauptung steckt wahrscheinlich hinter dem Satz: „Die Bomben in Syrien fallen ja weiter. Die Menschen werden also auch weiterhin fliehen".

Bekannt ist andererseits, dass die Friedensverhandlungen in Syrien zu einem begrenzten Waffenstillstand geführt haben, der weitgehend eingehalten wird. Woher also und warum fliehen die Menschen?

Auch ist zu vermuten, dass der Kampf gegen den IS und die al-Nusra-Front nicht sehr große Flüchtlingsströme erzeugt, da keine größeren Städte mit Hunderttausenden von Menschen im Machtbereich dieser Terrororganisationen liegen (Ausnahme vielleicht die Hälfte von Aleppo).

Und was soll man von mehrfachen Erklärungen syrischer Flüchtlinge halten, sie würden nach Syrien zurückkehren, wenn sich ihr Schicksal nicht bessern sollte?

(Ich könnte mich irren)

Frauke Petry

Warum habe ich bloß immer das Gefühl, dass Kommentare und Berichte über die AfD und deren Vertreter unfair, verleumderisch, boshaft und von Vorurteilen geprägt sind?

Das jüngste Beispiel findet man in der WamS vom 27.3. über Frauke Petry. Da wird der Gymnasiallehrer Heinrich Peuckmann aus Bergkamen mit der Meinung zitiert: „Frauke ist zwar eine intelligente Schülerin gewesen, jedoch nicht klug. Mit Klugheit verbindet sich Moral. Die kann ich bei ihr nicht (mehr) erkennen". Also so´n Alkibiadestyp.

Auf dem Gymnasium wird man von mehreren Lehrern unterrichtet. Wer also ist Heinrich Peuckmann? Ihr Klassenlehrer oder einer ihrer Fachlehrer? Hatten alle dieselbe Meinung?

Ich habe in meiner Zeit als Gymnasiallehrer viele „intelligente" und „restringierte" Schüler kennengelernt. An einen „klugen" Schüler „mit Moral verbunden" kann ich mich beim besten Willen nicht erinnern.

Nun warte ich gespannt auf Lehrerkommentare über andere Politiker, liebendgerne über die Studienabbrecher Claudia Roth, Katrin Göring-Eckardt, Volker Beck und auch über Jakob Augstein.

Terrorangst befeuert die Brexit-Debatte

Der Schlagabtausch über die Vor- und Nachteile einer EU-Mitgliedschaft für die öffentliche Sicherheit bestimmt zunehmend die Brexit-Debatte. Die Befürworter eines Ausstiegs wollen eine größerer Kontrolle über die Einwanderung aus der EU bekommen, um nicht noch gefährlichere islamistische Verhältnisse wie in den Pariser und Brüsseler Vororten zu erleiden.

Dieser Wunsch ist zu vergleichen mit den viel kritisierten Erklärungen aus Budapest, Bratislava und Warschau, keine Muslime als Migranten aufzunehmen, - abgesehen davon, dass man dort die EU nicht verlassen will.

Ghettos und Rassismus

26.03.2016

Die Politik will Ghettobildungen verhindern, damit sich Muslime nicht radikalisieren. Nun gibt es in einigen Großstädten der Welt durchaus „Ghettobildungen", z.B. in New York. Da gibt es „Little Italy", ein Chinesenviertel, Harlem und weitere landsmannschaftliche Wohnviertel. Sehr große Probleme sind nicht bekannt.

Warum sollte man es nun gerade den Muslimen verbieten, die uns ja „geschenkt" werden und unser Leben „bunter" machen (wie in Molenbeek), in größeren Stadtbezirken mit ihren überwiegend friedlichen Glaubensgenossen zu leben?

Zeigt sich da etwa „die widerliche Fratze" des Rassismus oder gibt es etwa einen anderen Grund?

Bedford-Strohm ergreift sein liebliches Wort

26.03.2016

Das SPD-Mitglied und EKD-Ratsvorsitzender Heinrich Bedford-Strohm versucht mal wieder, eine liebliche Aura um sich zu verbreiten (WELT vom 26.3.):

Er weiß, „dass am Ende Gott alle Tränen abwischen wird und die Menschen, denen jetzt so viel Leid angetan wird, in Gottes Hand sind". Welch ein Trost für die Leidenden, dass es Heinrich gut geht!

Er kennt Gott, auch Allah, und weiß offenbar, dass sich auch Allah vor Wut über die Terroristen die Haare rauft. Nur schade, dass die das nicht wissen.

Er weiß sogar, dass der enorme Flüchtlingsstrom nach Deutschland bei einer gelungenen Integration Wirtschaftswachstum erzeugen und das Rentensystem profitieren wird (diese Einsicht muss er von Gott haben, von Hans-Werner Sinn gewiss nicht). Aber klar ist auch ihm, dass Deutschland nicht „alle bedrohten Menschen" aufnehmen könne.

Tröstlich ist zwar, dass „Kirchen keine abgehobenen Moralvorstellungen vertreten dürfen".

Aber Vertreter christlicher Moral verkünden leider auch keine staatlich erforderliche utilitaristische Ethik oder sogar egoistische Interessen.

Ich bin radikal-vernünftig

25.03.2016

Warum soll ich rechts sein, wenn ich Merkels Flüchtlingspolitik ablehne, von der sie ja selber immer mehr abrückt?
Warum soll ich radikal sein, wenn ich islamkritisch bin?
Ich empfinde mich eher als radikal vernünftig. Aber welche Partei soll ich wählen mit diesen beiden Ansichten?

Ein Generalverdacht gegen Muslime ist nicht begründbar

24.03.2016

Der französische Premierminister Manuel Valls stimmt selbstkritische Töne an. Nicht nur in Belgien, überall (sic!) in Europa und in Frankreich habe man die Augen angesichts „extremistischen Gedankenguts von Salafisten" verschlossen...Und überall (sic!) habe die Mischung aus „Drogenhandel und radikalem Islamismus einen Teil der Jugend pervertiert".
Überall? - Nein! Mindestens drei kleinere Länder, Ungarn, Polen und die Slowakei widersetzen sich der Einwanderung von Muslimen, worunter sie eine Teilmenge von Dschihadisten vermuten und nicht nur eine Überfremdung befürchten. Wenn die große Zahl von ursprünglich friedlichen Muslimen nicht voll integriert werden kann (wie in Merkel-Deutschland), dann würde das Problem noch größer werden.
Dieser „populistische Generalverdacht" lässt sich gegensatzfrei und nach christlicher und deontologischer Moralvorstellung nicht begründen. Und obwohl sich die Krisen Sicherheit und Migration überlagern und „nicht vermischt werden dürfen", obwohl der Vorwurf erhoben wird, unsolidarisch mit Merkel-Deutschland zu sein, schützt diese Politik mit einiger Sicherheit Bratislava, Budapest und Warschau vor Massakern wie jetzt in Brüssel.

Die Tragödie von Brüssel

23.03.2016

Was soll der Westen in seiner Verzweiflung dem blutigen Terrorismus gegenüber tun?

Man sollte die unmenschlichen Taten auf keinen Fall ausschließlich mit intellektuellen Interpretationen „adeln": „Der Terror will aufgeklärte Gesellschaften aus der Vernunft reißen. Die IS-Barbarei sehnt sich nach der existenziellen Verwundung des freien, offenen Europas. Angst, Unsicherheit und Hass sollen regieren".
Die irren bärtigen Halbaffen haben es nicht verdient, dass versucht wird, ihre Massenmorde mit Worten zu erklären, die ihnen ursprünglich gar nicht ins Gehirn kamen. Es geht diesen mitleidslosen Psychopathen einzig und allein

um einen großen Knall, angsterfüllte Menschen und um deren Blut. Dahinter ist nichts, gar nichts (nihil)! Ein IS-Mörder wird mit dem Satz zitiert: „Wir sind gekommen, um abzuschlachten".

Deshalb sind auch großmütige Karikaturen im Netz die richtige Reaktion auf die Attentate in Brüssel:

z.B. Darstellung von belgischen Pommes frites in Form einer Hand mit ausgestrecktem Mittelfinger und die Darstellung von Manneken Piss, der auf einen vertierten Terroristen unter ihm uriniert.

Mit solchen Reaktionen zeigen wir den Islamisten („ohne Islam"), dass trotz der Tragödie von Brüssel Angst, Unsicherheit und Hass nicht regieren.

PS Den Sicherheitsbehörden viel Erfolg!

Die rechte Schweinebande

22.03.2016

In einem Staat der dünnsinnigen Pazifisten, der Weltenretter und irrationalen Philanthropen, die ihre individuelle Moral auch vom Staat verlangen, ist konservativ-rechts a priori gefährlich und „widerlich".

„Progressiv"- links kann als Idee nur „gut" sein. Sie ist bisher leider dauernd „nur schlecht ausgeführt" worden.

Brüssel und die Reaktionen in islamischen Staaten

22.03.2016

Bei allem verzweifelten Mitleid, bei allem aufkeimenden Zorn über die wahnsinnigen Täter und bei aller Schockstarre über einige irrwitzige deutsche Kommentare (u.a. Simone Peter) muss es ehrliche Antworten auf dringende Fragen geben, um den Kampf gegen den Terror zu gewinnen:

Welche Ziele hatten die Attentäter, welches Gedankengebäude steckt hinter den Anschlägen und wo sind - verdammt noch mal - die Quellen für solche Massaker?

Die Reaktionen westlicher Politiker sind einstimmig, Aber welche Reaktionen gibt es in der islamischen Welt?

Twitter-Sammlung 3

21.03.2016

Wir sind noch nicht „am Ende". Wenige negative Konsequenzen für die 28 zustimmenden EU-Staaten zu Merkels Deal mit der Türkei, weil Deutschland ja fast alle „Kontingente" übernimmt.

Ist ein gleichgeschalteter Bundesstaat besser als ein Staatenbund mit gleichen Werten und nur einigen übergeordneten Institutionen?

Hätte man für 6 Milliarden Euro ohne den Türkei-Deal nicht auch die Schengen-Außengrenze Griechenlands sichern können?

Hat der Weingeist Augstein bei seiner Unterscheidung für „Verfassungsfeind": politisch gegen juristisch das Gehirn vernebelt und den Satz erfunden: „Die AfD ist gegen den Geist der Verfassung".

Die Flüchtlingskrise wirkt auch sprachschöpferisch: Einzelfalllawine - Kopfwindel (für Muslima-Kopftuch) - Antifanten - Ankara Merkel

Gemeinschaftliche europäische Werte sind etwas ganz anderes als Interessen europäischer Staaten.

Westerwelles erschütterndes Interview über seine tödliche Krankheit „überstrahlt" sub specie humanitatis die politischen Verdienste.

Journalisten können gar keine Vorurteile haben. Sie sind alle neutral und sine ira et studio nur der Wahrheit verpflichtet.

Amira B. lüftete ihren Schleier nur kurz vor der Richterin. Ist der Prozess in der Psychiatrie geführt worden?

Islamkritik

21.03.2016

Als Islamkritiker fühle ich mich bestens aufgehoben in der Gruppe weltgeschichtlicher Personen, die den Islam ebenfalls kritisieren:
Winston Churchill - Atatürk – Karl Marx - Voltaire – Friedrich der Große – Blaise Pascal – Gustave Flaubert – Alexis de Tocqueville – Oriana Fallaci - Herder - Schopenhauer.

Für die Gegenwart sind u.a. zu nennen:
Otto Schily – Alice Schwarzer – Nekla Kelek und Hamed Abdel-Samad.

Ich sehe also keinen Grund, mich Claudia, Katrin und Gefolge anzuschließen.

Der Türkei-Deal

21.03.2016

Als schlaue türkische Verwaltung würde ich erlauben, dass möglichst viele Migranten illegal nach Griechen kommen. Umso größer sind dann die Kontingente, die die EU abnehmen muss.
Aber letztlich brauchen wir uns keine Sorgen zu machen, denn Thomas Strobl (CDU) sieht in dem Abkommen einen „außerordentlichen Erfolg" und schließt aus, dass es einen „Alleingang Deutschlands in der Kontingentfrage" geben werde. Welch eine Weitsicht!

Die vielgepriesene Einigung aller EU-Staaten, die sich hinter „Merkel triumphans" gestellt haben, ist trotz der Einschätzung von Strobl brüchig. Man sollte besser sagen: „hinter Merkel versteckt haben", weil viele glauben, dass ihre Interessen gar nicht berührt werden, und dass Deutschland im Ernstfall nahezu allein alle Kontingentflüchtlinge dank Merkel aufnehmen wird.

PS Noch ein strobeliger Satz: „Nachdem u n s schon gelungen ist, in den Westbalkanstaaten den Schleppern die Geschäftsgrundlage zu entziehen..."

Islamkritik

20.03.2016

Erstellen wir mal eine Karte mit islamisch regierten Staaten, in denen Demokratie und Frieden herrschen, und eine zweite Karte für Länder, in denen Muslime, („die nichts mit dem Islam zu tun haben"), Terror und Tod verbreiten. Und danach finden wir mal Argumente gegen Orban und Kaczinski!
Also gut: Alle Muslime, die zu uns kommen, sind friedliebend. Sie fliehen ja vor Terror und Gewalt (der religiösen Gegenseite). Ihre eigene religiöse und kulturelle Prägung werden wir ihnen aberziehen. Den Erfolg garantiert die europäische Oberlehrerin.

„Wahr" und „falsch" in der WELT

18.03.2016

In der WELT vom 18.3. gibt es wie immer überwiegend wahre, aber auch einige falsche Sätze:
„Merkel ist im Team SPD" (SPD-Generalsekretärin Barley)   w.

„Die Grünen (staatstragend) ließen bald ihre radikalen Kräfte hinter sich, die AfD (organisierter Pessimismus) entsorgt ihre Gemäßigten" (Alan Posener) falscher als falsch.   f.
Aber ein sehr schöner rhetorischer Topos!

„Gebt den Altenpflegern mehr Zeit, mehr Geld, mehr Zukunft" (Uwe Schmitt)w.
Eine wunderbare Hymne auf die Pfleger, „den Profis des Erbarmens".

„Es ist zwingend, dass wir uns endlich auf gemeinsame Asylregeln festlegen. Es kann nicht sein, dass wir innerhalb Europas unterschiedlich mit der Frage umgehen, wer ein Wirtschafts- und wer ein Kriegsflüchtling ist".   w.
und
„Inzwischen muss man anerkennen, dass die Bundeskanzlerin die einzige Regierungschefin ist, die die Selbstachtung der Europäer bewahrt". (Dora Bakoyannis,   Ex-Außenministerin   Griechenlands)   f.

Es ist schon ein starkes Stück, Merkel als einzige Wunderheilerin Europas zu erklären und alle anderen Staatsoberhäupter für Egoisten, Verächter von Solidarität und Barmherzigkeit sowie für intellektuell restringierte Zermalmer Europas zu halten.

„Merkel ist nicht die Bundeskanzlerin Europas, sondern Deutschlands". (Cevenole)   w.

Bewusstsein der anderen

Gemeinschaftliche europäische Werte sind etwas ganz anderes als Interessen europäischer Staaten.
Man sollte ihnen nicht vorschreiben, wie sie sich zu fühlen haben, sondern darüber nachdenken, warum sie sich nicht so fühlen, wie man sich selbst fühlt, und wie man meint, dass der andere sich eigentlich fühlen sollte.

Zwei Gebetsmühlen

„Zäune und Mauern halten keine Flüchtlinge und Migranten auf".

Dieses Mantra wird auch durch Wiederholung nicht richtig. Es gab und gibt in der Weltgeschichte Zäune, Mauern und Grenzbefestigungen, die sehr wohl verhinder(te)n, dass große Massen fluktuieren.
Sollte dieses Mantra sogar bedeuten, dass es überhaupt sinnlos ist, Schranken zu planen, und dass allein die Beseitigung der Fluchtursachen Massenzuwanderung „nachhaltig" verhindern kann, dann sollten die Vertreter dieser Meinung ehrlicherweise alle Länder aufzählen, wo es Fluchtursachen geben könnte, und gleichzeitig die Methoden der Befriedung mitliefern.

„Kriege werden nicht militärisch gewonnen".

Auch diese Behauptung kann leicht widerlegt werden, wenn man fordert, Kriege zu nennen, die nicht militärisch gewonnen wurden.

Rechter Grobianismus und linker Blümismus

Da sieht ein Kommentator das Gespenst eines rechten politischen „Grobianismus" in Europa umhergehen, jetzt auch in Deutschland mit der AfD. Wie aber soll man die deutsche Willkommenskultur nennen, die ihren überhitzten Ausdruck in einem unfassbaren Jubelsatz von Göring-Eckardt findet:
„Wir kriegen jetzt plötzlich Menschen geschenkt", mit deren Hilfe werde Deutschland „religiöser, bunter, vielfältiger und jünger".
Das ist ein individual-ethischer „Blümismus", der auch scheinheilig bis dummdreist wirken kann. Grobianismus und Blümismus schaukeln sich gegenseitig hoch. Und für die hirnrissige politische Überzeugung, dass man existierende Mängel nicht ansprechen darf, weil das der AfD nützt, gibt es nur in psychiatrischen Kliniken Fachbegriffe.

CSU und AfD: keine alternativen Lösungsvorschläge

Wenn man der AfD fortwährend unterstellt, sie biete keine alternativen Lösungsvorschläge an, dann gilt dasselbe in vielen Fragen auch für die CSU. Dann übersieht man vorurteilsbeladen, dass die AfD die einzige Partei außerhalb Bayerns ist, die man wählen muss, wenn man Merkels Flüchtlingspolitik ablehnt, und wenn man mutig gegen den politischen Mainstream islamkritisch bleibt.

Übertreibung - Untertreibung

15.03.2016

Selbst nach den Landtagswahlen verfolgen einige Kommentatoren die AfD weiterhin mit ihren Vorurteilen, anstatt zu sagen: „Warten wir mal ab, was die Spitzen der AfD aus ihrer Partei machen".
Auch bei den Grünen haben sich in der Anfangszeit dubiose Gestalten versammelt, die nach und nach ab- und kleingeschliffen wurden: Pädophile, Kommunisten und andere Systemveränderer, die die „Bullen" mit Steinen bewarfen und dennoch Außenminister wurden, und lächerliche Weltuntergangspropheten.
Nun behauptet ein Kommentator, dass es für die AfD typisch sei, die Probleme zu übertreiben und dadurch Ängste zu schüren. Aber der Stolz der AfD, zuerst auf das „Märchen von den eingewanderten Fachkräften" hingewiesen zu haben, ist berechtigt. Auch die Ethnisierung von Gewalt und der Konflikt der Religionen kann gar nicht genug überzeichnet werden. Da kann die AfD auf kompetente Zeugen verweisen: Kelek, Ates, Balci, Safranski, Sloterdijk, Abdel-Samad - und auch auf Michael Stürmer, den klugen Kommentator der WELT, der ein Risiko nicht ausschließt bei Menschen, die einer negativen Prägung durch den Islam ausgesetzt waren. Lachhafte „Einzelfälle", die die AfD kritisiert, wie getrennte Rutschzeiten in Schwimmbädern, ein Schweinefleischproblem in Kantinen, Beträume in Schulen sind inzwischen so zahlreich, dass man von einer Einzelfalllawine sprechen kann.
Das alles wirft die Frage auf, ob die AfD „übertreibt" oder die etablierten Parteien aus volkspädagogischen Gründen „untertreiben". Beides verletzt die Wahrheit.

Ist Merkel ein idiotes (griech.)?

15.03.2016

Obwohl den Menschen in Idomeni von der griechischen Regierung bessere Unterkünfte angeboten werden, harren sie doch dort aus, weil sie glauben, dass Merkel ihnen nochmals helfen werde („Merkel help"), und dass die Grenzen geöffnet würden, um nach Österreich oder Deutschland zu kommen. Da Merkel die Schließung kritisiert, ist die Hoffnung nicht unlogisch. Merkel aber bezieht sich auf diese menschenunwürdigen Zustände als Gegenbeweis für ihre „nachhaltigen" Lösungen. (Früher sprach sie von „europäischen"

Lösungen):„Dass die Lösung nicht nachhaltig ist, sieht man jeden Tag an den Bildern". Desweiteren macht sie Seehofer dafür verantwortlich, die Bürger bei den Landtagswahlen verwirrt zu haben.

Ist Merkel ein idiotes (griech.) in der Flüchtlingskrise? Diese Frage beantwortet sich durch einen Vergleich mit dem österreichischen Bundeskanzler Faymann.

Mit Bezug auf Idomeni dringt er darauf, dass Merkel öffentlich klarstellen soll, dass Deutschland nicht bereit sei, unbeschränkt Flüchtlinge aufzunehmen. Jeder müsse wissen: Es ist eine falsche Hoffnung, auf das Durchwinken nach Deutschland zu setzen. Und solange die Schengengrenzen nicht geschlossen werden können, müssen die Binnengrenzen die Massen abwehren.

Es kann eigentlich nicht bestritten werden, dass Merkel durch ihre Weigerung (idiotes!), klare Ansagen für die Weltmigranten zu machen, die christliche These von der Erbsünde bestätigt.

Nachlese zur Wahl

14.03.2016

Es war offenbar für den Erfolg der AfD keine schlechte Strategie, eine „einfache" Lösung zu bevorzugen: Schließung der Binnengrenzen wie es auch Bayern vorschlägt und Österreich, die Balkanstaaten, Schweden u. a. gemacht haben, und nicht auf die unsicheren „komplexen" Lösungen von Angela Merkel zu warten.

Auch ein gesitteter Umgang mit der Afd und ihren Vertretern sollte angesichts der Wahl überdacht werden. Da mangelt es noch gewaltig:
Freude über ein gutes Wahlergebnis wird bei der AfD mit „Gejohle" beschrieben, bei anderen Parteien mit „Jubel".
Peter Tauber, Generalsekretär der CDU, beleidigte bei Illner Frauke Petry, indem er ihr ungerührt sagte, er habe eine starke Aversion, sich mit ihr und ihrem politischen Unsinn zu unterhalten. Beleidigungen, Verleumdungen, Verdrehungen und auch Lügen erzeugen aber keinen politischen Mehrwert, im Gegenteil! Das „Pack" schlägt zurück!

Wahlanalyse

13.03.2016

Viele Deutsche glaubten so sein zu müssen, wie die „barmherzige" Merkel. Deshalb hat Merkel auch besonders in anderen Parteien als der CDU gewonnen.
Viele Deutsche aus allen Parteien und viele ehemalige Nichtwähler haben aber die „gnadenlose" AfD gewählt, vielleicht auch deshalb, weil dieser Partei vorgeworfen wird, sie biete nur „einfache" Lösungen an. Sie hatten kein Vertrauen, dass angeblich „komplexe" Lösungen Erfolg haben werden.

Fürchtet Euch nicht!

Bis auf die AfD verkünden alle Parteien mehr oder weniger: „Fürchtet Euch nicht (vor den Konsequenzen der massenhaften Zuwanderung), denn wir sind bei Euch!"

Ich fürchte aber, dass zu viele Gutmenschen nicht verstanden haben den Unterschied zwischen „individual-ethischem" (Hilfe in Barmherzigkeit) und „staatlichem Handeln" (Härte zum Schutz des Ganzen)
Ich fürchte aber, dass die negative Prägung durch den Islam zum großen Risiko in Europa werden kann.
Ich fürchte aber, dass eine volle Integration aller Zuwanderer nicht gelingen wird. Was machen die, die scheitern werden?
Ich fürchte aber, dass Deutschland große Probleme bekommt, die notwendigen Tausende von Lehrern, Polizisten, Verwaltungsbeamten einzustellen und Tausende von bezahlbaren Wohnungen zu bauen, Krankenkassenbeiträge ohne Schulden stabil zu halten und vieles mehr.
Ich fürchte aber, dass eine faire Diskussion nicht stattfinden wird, wenn sogenannte etablierte Politiker den Kopf schütteln, bevor überhaupt ein abgelehntes Argument vorgebracht werden kann, und danach übersehen, dass sie selbiges in der Vergangenheit ebenfalls für gut befanden.

Und ich fürchte, dass Mergela Gelakel, die bei unangenehmen Themen Leseschwierigkeiten hat, diese Befürchtungen nicht empfindet.

Twitter-Sammlung 2

11.03.2016

Aus „Regierung" lässt sich das Anagramm „Genug Irre" bilden.

Ich leide an Ornitho-Phobie (Vögel-Furcht). Aber kein Schwein interessiert sich dafür.

Alle anderen Parteien sind wahre demokratische Wunder. Nur die AfD lag/liegt immer völlig falsch, z.B. in der Flüchtlingspolitik.

Es ist ein gefährliches Risiko anzunehmen, die negative Prägekraft der Religion, des Islam, spiele bei Millionen Muslimen in Europa keine Rolle.

Ich bewerbe mich als (angeblicher) Eunuch für eventuelle Haremsneugründung durch Frau Erdogan.

Ulf Poschardt gibt auf Twitter zu, Frauke Petry bei Illner nicht verstanden zu haben. Der Ärmste! Ab in den Tiefbau!

Individualethik und Staatshandeln

11.03.2016

Warum sollte ich einer mir von außen aufgezwungenen „Linie" der Mehrheit

vertrauen, warum den medialen und politischen Knallchargen glauben (wie z.B. Volker Beck oder Claudia Roth), die zwischen „individual-ethischem" und „staatlichem Handeln (Max Weber) nicht unterscheiden können oder wollen? Warum sollte ich ein „schäbiges Monster" sein, wenn ich mir selber mehr glaube (auch wenn´s falsch sein kann) als anderen - entsprechend von Kants Definition von „Aufklärung":
„Aufklärung ist der Ausgang des Menschen aus seiner selbst verschuldeten Unmündigkeit. Unmündigkeit ist das Unvermögen sich seines Verstandes ohne Leitung eines anderen zu bedienen..."

Der „Durchbruch" und Frau „Ich-aber-sage"

09.03.2016

Eine große Gefahr für Leib und Leben ist ein „Durchbruch" des Blinddarms. Nun glauben einige (darunter an vorderster Front Frau „Ich-aber-sage"), dass das Angebot der Türkei, alle nach Griechenland geflohenen Menschen zurückzunehmen, ebenfalls ein „Durchbruch" in der Flüchtlingskrise sei und eine „europäische" Lösung vielleicht möglich macht. Auch dieser „Durchbruch" könnte sich aber als gefährlich erweisen:
Wo bleiben z.B. die Flüchtlinge und Migranten, die die Türkei zurücknehmen will? Werden sie in der Türkei militärisch bewacht oder suchen sie sich neue Fluchtwege?
Frau „Ich-aber-sage" meint, dass sich bei Schließung der Balkanroute die Menschen an der griechisch-mazedonischen Grenze stauen werden. Glaubt sie, dass sich die Massen in der Türkei nicht stauen?
„Politik ist die Kunst des Möglichen" (Otto von Bismarck), nicht des Starrsinns. Wieso nimmt Frau „Ich-aber-sage" an, dass alle Staatschefs, die sich ihrer Vorstellung von Europa verweigern, an geistigen Defiziten leiden sowie Weitblick und Merkel-definierte Moral vermissen lassen?

Twitter-Sammlung

08.03.2016

Volker Beck/ Frau Gott wird ihre Tochter schicken, um den armen Volker zu entsühnen.

Populismus/ Deutschland ist voller Populisten: Rechts- (besonders viele) Linkspopulisten und Populisten der Mitte, Non-Populisten und Contra-Populisten. Das Volk (populus) freut sich über diese große Auswahl.

Türkei/ Was macht die Türkei mit den Flüchtlingen, die sie „großzügig" zurücknehmen will?

Putin/ Syrien Wo bleiben Berichte über die Friedensbemühungen in Syrien? Ich möchte wieder etwas erfahren über die Schuld der Russen.

Hochmoralischer Bundesstaat oder egoistischer Staatenbund

Wie schön wäre es, wenn alle 28 Länder der EU in der Flüchtlingskrise auf Juncker und Merkel, der moralischen Stimme in dieser gefallenen Welt, hören würden. Wir wären dann dem europäischen Bundesstat „Europa" einen großen Schritt näher gekommen.

Nun wollen aber einige Staatschefs eher einen Staatenbund (wie es z.B. auch de Gaulle und Thatcher wollten). Sie wollen ihre eigene Suppe kochen, die sie auch auslöffeln müssten. Ist das Egoismus?

Egoismus ist eine personale Kategorie: „Ichsucht". Ob man den Begriff dieser Untugend sinnvoll auf ganze Völker und deren Staatschefs übertragen darf, ist zumindest zweifelhaft. Auch in der Politik könnte gelten: Wer nicht hören will, muss fühlen. Das kann aber nur jemand sagen, der genau weiß, was richtig ist. Diesen allwissenden „Jemand" gibt es in unserer Welt nicht.

Wenn man außerdem fortwährend Moral-getrieben behauptet, dass sich Flüchtlinge durch nichts aufhalten lassen, um nach Europa zu kommen, dann muss man auch folgerichtig einräumen, dass weder das begrenzte Schließen der Balkanroute noch der Deal mit der Türkei Erfolg haben wird.

Drogenhighlights in Medien und Politik

Ich bin immer mehr davon überzeugt, dass Crystal Meth in Medien und Politik eine Rolle spielt. Diese oder andere Drogen müssen einen Einfluss auf die Schaltkreise im Hirn haben. Eine andere Erkenntnis kann man nicht gewinnen, wenn man nach der Brüsseler Flüchtlingskonferenz einige Drogenhighlights liest.

Zunächst eine kleine Anmerkung zur Hessen-Wahl: Herrlich amüsant ist der ernst gemeinte Satz: „Experten" (sic) gehen davon aus, dass…vor allem die Flüchtlingspolitik…eine Rolle spielte" beim „überraschenden" (sic) Abschneidenden der AfD. Welch tiefschürfende Expertenweisheit!

Im Entwurf der EU-Gipfelerklärung heißt es, die Balkanroute sei „geschlossen". Faymann und auch Hollande begrüßen diese Formulierung. Merkel und Juncker sind dagegen, weil gemäß EU-Recht doch noch Hunderte von Flüchtlingen in den Norden gelassen werden. Den Abschreckungseffekt wollen bcide offenbar nicht.

Rauschhaft verkündet ein Kommentator, dass „für Freunde des Staatsmännischen…die neoheroische Kanzlerin…noch heller" strahlt. Wie Gerhard Schröder die Seele seiner Partei durch die Agenda 2010 geopfert habe, damit es dem Land besser gehe, so „versucht Merkel etwas Ähnliches bei der Flüchtlingskrise", – mit ihrer „Standfestigkeit" die CDU zu opfern, „damit es dem Land besser geht". – WOW!

Allen Kritikern von Merkels Flüchtlingsdrama – Sophokles´ „Antigone" lässt grüßen – gehe es „um eine Politik der Kehre weg von der Moderne, dem Liberalen, Toleranten und Weltoffenen". – Donnerwetter!
„Es müssen mehr Bürger von dem Sinn und der Idee der Migration überzeugt sein". Mon dieu! Von welcher Art „Migration"?

Wenn man alle Probleme der Flüchtlingskrise überblickt, dann ist Merkel nicht die Problemlöserin, sondern Teil des Problems.

Selbst Jesus hätte nicht alle Weltflüchtlinge versorgen können

07.03.2016

Wenn wir nicht alle notleidenden Menschen aufnehmen, die nach Deutschland und Europa wollen, dann ist das „nicht mehr mein Europa". Die Grenzen bleiben daher offen und mein Plan A steht: die Zusammenarbeit mit der Türkei, - sagt Merkel.
Bei der Definition von „notleidenden Menschen" gibt es den gedanklichen und sprachlichen Brei, der aus Kriegsflüchtlingen, Wirtschaftsflüchtlingen, Asylsuchenden, anerkannten Asylanten und Migranten „Flüchtlinge, die aus der Hölle kommen" macht.
Weder die Genfer Flüchtlingskonvention noch unsere Asylgesetze bedingen die Aufnahme aller dieser Menschen. Da viele „Warmherzige" und „Gute" - (trotz anderer Bekundungen praktisch auch Angela Merkel) - den Zustrom aller Beladenen nicht einschränken wollen, ist das der Anlass zum Ruf der „Rechten": „Wenn das so weitergeht, ist das nicht mehr mein Deutschland!"

Deutschland und Europa können es nicht schaffen, alle armen und notleidenden Menschen aus schlecht und brutal regierten Staaten aufzunehmen.

Man kann ja mal fragen

07.03.2016

Gehört es zu den vielbeschworenen Werten Europas, muslimische Migranten aufnehmen zu müssen, wenn Brüssel und Merkel es befehlen, das Volk dieses aber ablehnt?

War die No-bail-out-Klausel eine Solidaritätsklausel, so dass man unablässig „europäische Solidarität" einfordern darf?

Warum sollte es moralisch höherwertiger sein, die Migranten in der Türkei zu stoppen als in Mazedonien (Sebastian Kurz, österreichischer Außenminister)?

Können wir sicher sein, dass auch andere Politiker als Beck ihre Meinung nicht im Drogenrausch verkünden?

Die Klatscher bei Anne Will

06.03.2016

Die Lautstärke des Klatschens bei Anne Will stand im umgekehrten Verhältnis zum Inhalt und zum Sinn der Argumente.
Alle, wirklich alle Argumente des slowakischen Europaabgeordneten Sulik und besonders des österreichischen Außenministers Kurz waren vernünftig und plausibel. Nur - keiner klatschte!
Über fast alle Beiträge von Kipping (Die Linke) und Göring-Eckardt (Die Grünen) hätten sogar die Migranten gelacht. Doch - die Zuschauer beklatschten lautstark ihr Gerede. Immer wieder wird das zwar richtige, aber abgedroschene Argument vorgebracht, man müsse „die Fluchtursachen" bekämpfen. Kurzfristig würde diese Maßnahme den Migrantenstrom nicht reduzieren. Und Göring-Eckardt sowie auch Kipping wären die letzten, die in ihrem pazifistischen Wahn in Bürgerkriege oder bei Völkermord eingreifen würden.

Die „komplexe" Merkel gegen Zäune und Stacheldraht

07.03.2016

Wenn es durch Zäune und Stacheldraht gelingt, die Balkanroute undurchlässiger zu machen, dann dürfte es auch möglich sein, alternative Fluchtrouten zu kontrollieren. Den Beweis liefert Spanien.
Ich glaube auch nicht, dass Merkel und Freunde klüger handeln und komplexer denken können, als die Oppositionellen gegen ihre Politik. Das politische Ergebnis werden eher unvorhergesehene Unwägbarkeiten bestimmen und vielleicht auch die List der Geschichte.

Warum die „komplexe" Merkel gegen kurzfristige Grenzkontrollen und Beschränkungen auf der Balkanroute stimmt, solange die Grenze zwischen Griechenland und der Türkei nicht geschlossen werden kann, bleibt ihr dunkles Geheimnis.

Es geht abwärts

06.03.2016

Es ist zum Verzweifeln! Weit mehr als 50% der europäischen Bürger und Politiker sind nicht nur doof, sondern haben in der Flüchtlingskrise auch keinen Anstand, lassen sprachliche Intelligenz, Herzenswärme, Freundlichkeit, Toleranz und Souveränität den lieben, barmherzigen Muslimen gegenüber vermissen. Alle schreien sich an.
Und sie erfinden spontan Schmutzbegriffe wie „Zwei-Ton-Katzenjammerirrenanstaltsmusik" (Hurz!), „Volkszertreter", „Frau Murksel" oder „Kulturbereicherer" für Migranten (Begriffe aus einer aufgeschäumten Klage über Respektlosigkeit). Die Orbans, Ficos, Seehofers, Valls, die Spanier, Schweden, Dänen und viele andere verstoßen nicht nur gegen

Europas Werte, sondern sogar auch gegen Angela Merkel und die deutschen Inhaber der Weisheit und der richtigen Moral.

Aber so verkorkst, wie einige sich fühlen, ist die Welt nicht!

Mergela Gelakel und der Soft-Populismus

05.03.2016

Es geht alles durcheinander! Der EU-Ratspräsident Donald Tusk appelliert an die Wirtschaftsmigranten, „nicht nach Europa" zu kommen. Ist das Soft-Populismus? Merkel will ein solches deutliches Zeichen (noch) nicht setzen. Sie, die Gute, weigert sich aber, die elendig in Griechenland lebenden Flüchtlinge aufzunehmen. Andererseits hat sie im vergangenen September eine „menschliche Katastrophe" verhindern wollen, indem sie Deutschlands Grenzen unkontrolliert öffnen ließ für leidende Flüchtlinge am Budapester Hauptbahnhof, denen nach Aussagen der Ungarn Unterkünfte angeboten wurden. Sie lehnten ab, weil sie nach Deutschland „flüchten" wollten. Die „menschliche Katastrophe" an der mazedonischen Grenze ist aber viel größer!

Ich möchte das so gerne verstehen

05.03.2016

Die Meinungen über die Auswirkungen eines Schengen-Aus gehen weit auseinander. Für Hans-Werner Sinn ist es schleierhaft, wieso die EU scheitern sollte, wenn man die nationalen Grenzen wieder kontrollieren muss. Andere Ökonomen sind pessimistischer. In der Praxis werde es wohl zu stundenlangen Wartezeiten und nervtötender Bürokratie kommen.
Trotz weiterer pessimistischer Argumente bleibt auch mir schleierhaft, weshalb es durch Kontrollen zu bedeutenden wirtschaftlichen Verlusten kommen soll. Grenzkontrollen werden doch eingeführt, um weitere Hunderttausende von Zuwanderern auf ihre Bleibeperspektive zu überprüfen und nicht etwa den Wirtschaftsverkehr. Das ist das Problem einer genügenden Zahl von Zöllnern.
Nach einer Schätzung der Bertelsmann-Stiftung würde das Aus von Schengen, was überhaupt nicht gewollt wird, die Deutschen bis 2025 im günstigsten Fall 77 Milliarden Euro Wohlstand kosten, im negativen Fall sogar 235 Milliarden Euro.
Es gibt dagegen auch Berechnungen, wie hoch die Kosten sein werden, wenn weiterhin unbegrenzt Migranten nach Deutschland kommen. Diese Kosten sind ebenfalls enorm hoch.

Eigentlich sind gar keine unsicheren Prognosen nötig. Man sollte den Warenverkehr mit Ländern analysieren, die jetzt schon ihre Grenzen kontrollieren, z.B. mit Dänemark und Schweden.

Harald Kujat könnte Recht haben

Ich würde mich sehr freuen über die langen Gesichter der deutschen Kommentatoren, die in Assad nur einen „Schlächter" seines eigenen Volkes sehen, wenn er in einer möglichen, von der UNO streng überwachten Wahl von eben diesem Volk zum Präsidenten gewählt würde. Und die dauernd wiederholte zweifelhafte Behauptung, dass der Krieg in Syrien militärisch nicht zu gewinnen sei, wird durch das massive Eingreifen der Russen, die tödliche Kollateralschäden in Kauf nehmen, widerlegt. Sowohl der IS und die al-Nusra-Front als auch die über 100 militanten Rebellengruppen waren an einer Friedenskonferenz überhaupt nicht interessiert, solange sie auch wegen der zögerlichen Haltung des Westens glauben durften, dass der Krieg militärisch zu gewinnen sei. Diesen Glauben haben die Russen ihnen ausgetrieben, und nun sitzen einige von ihnen gezwungenermaßen am Konferenztisch.

Harald Kujat könnte Recht haben.

Augsteins Wertschätzung von Volker Beck

Augsteins Wertschätzung von Volker Beck zeigt einmal mehr, dass der „politisch Andere" nicht nur wegen seiner Weltanschauung geliebt oder gehasst wird, sondern auch wegen seiner menschlichen Qualitäten oder Mängel im politischen Alltag und seiner Oma gegenüber, - Eigenschaften, die auf geheimnisvolle Weise wiederum völlig unterschiedlich gesehen werden. So sieht der eine Lügen, Hetze, Verleumdung und Verdrehung, aggressives Sprechen, einen intoleranten erhobenen Zeigefinger, Stuss und Tollerei, ein grimmiges Gesicht. Ein anderer Engagement und Integrität.
Wes Geistes Kind der Jakob Augstein ist, und wem er seine Sympathien schenkt, wird durch seine Twitter-Eintragungen „für den einen" immer klarer:
„Ich hoffe, wir verlieren diesen wichtigen Politiker nicht".
„Eine Anmerkung zu Volker Beck: nicht jeder Rechtsbruch bedeutet den Verlust der politischen Integrität".

Nein, nein! - Beck war schon immer „für einen liberalen Umgang mit Drogen".

Europäische Geisterfahrer

Jetzt, in höchster Not, bekenne ich mich zum Kurs von Angela Merkel, weil ich von ihrer unendlichen Weisheit angesteckt werden möchte.
Ihre Strategie scheint zwar gescheitert zu sein. Sie hat erst die europäischen Verbündeten überfahren und dann deren Kraft überschätzt. Und ihrer Meinung nach lässt auch deren Einsicht zu wünschen übrig. Wie Geisterfahrer kommen die Verantwortlichen aus Paris, London, Warschau, Budapest, Wien und Stockholm Angela in ihrem Trabi, einem erfolgreichen Automobil, entgegen. Denn sie glauben alle, dass Deutschlands offene Grenzen die Flüchtlingskrise

nicht lösen werden.

Schweinefleisch über alles

02.03.2016

Die Religion unserer Familie schreibt vor, nur Schweinefleisch zu essen, weil die Tiere als besonders intelligent gelten, und weil wir hoffen, durch den Verzehr ihres Fleisches zu profitieren. Andere Religionen sollten deshalb ihre Aversion gegen diese Fleischsorte überdenken.
Wir fühlen uns diskriminiert und in unseren Gefühlen tief verletzt, wenn Schweinefleisch in Kitas, Kantinen und sonstwo nicht mehr angeboten wird.

Angela miraculosa

02.03.2016

Ein wahres Wunder! Merkel hat es geschafft, Deutschland in Pro und Contra Flüchtlingspolitik tief zu spalten. Es gab in der Vergangenheit ähnliche Spaltungen, z.B. bei der Gründung der Bundeswehr oder bei der Durchsetzung der Nachrüstung. So anhaltend und aggressiv war die Stimmung aber nie. Und darüber hinaus hat es Merkel auch als einzige Regierungschefin geschafft, staatliche Institutionen an den Rand eines Kollapses zu bringen: die Polizei, das Schul- und Bildungswesen, Finanzen und Versicherungen, Wohnungsbau, Krankenhäuser - kurzum sie hat ein unbeschreibliches Chaos angerichtet. Wenn diese negativen „Leistungen" nicht durch eine Hypermoral und eine Europa-Fixierung, wogegen es Argumente einer „kalten" Vernunft schwer haben, erstickt würden, wäre Merkel längst weg vom Fenster.

Wenn alle Unzufriedenen auswandern wollen

01.03.2016

Wenn alle auswandern (wollen), nicht in die USA, nach Kanada oder Australien, sondern nach Europa mit seinen humanitären Prinzipien, die mit ihrem Land, ihrer Regierung oder ihrem Schicksal unzufrieden sind, dann wird es da niemals eine Wende zum Besseren geben.

Michael Kohlhaas oder höhere Werte

01.03.2016

Alan Posener hat in der WELT vom 1.3. eine recht faire Analyse über Beatrix von Storch, Herzogin von Oldenburg, geschrieben.
Am Ende des Artikels stellt er fest, sie stelle ihr „subjektives Gerechtigkeitsgefühl" ebenso wie Linke und Rechte über das geltende Recht.
Zu ergänzen wäre, dass auch „die Mitte" das geltende Recht verletzt, weil man dafür höhere Ziele geltend macht: z.B. die No-bail-out-Klausel in den EU-Verträgen und die Öffnung der Grenzen für unkontrollierte Flüchtlinge in Not;

diese „gesetzlose" Situation war nicht zeitlich beschränkt, sondern dauert an. Und unser „Ichling" an der Spitze der Regierung spielt dabei eine führende Rolle.

Blogs im Februar 2016

Schlaues politisches Kalkül?

29.02.2016

Wenn alle Nachbarn ihre Grenzen schließen, dann gibt es auch in Deutschland die viel beschworene „spürbare Reduzierung" der Zuwanderung. Und Merkel kann weiterhin mit deutschen offenen Grenzen die Illusion nähren, sie sei die einsame Kämpferin für ein gemeinsames Europa mit allen Freiheiten.

Kann es denn gar keine intelligenten Rechten geben?

28.02.2016

Da behauptet ein Journalist, im Bürgertum halte man die AfD für wählbar, weil sie im verschmähten altfränkischen Konservatismus der Union wurzelt. Wenn das wahr ist, dann war die Union in der Vergangenheit ein Haufen schmuddeliger Rechter.
In einem Essay der WamS vom 28.2. werden ungläubig Fragen formuliert, auf die dann apodiktische Antworten gegeben werden.
Warum Rechtspopulisten auch bei intelligenten Bürgern, die es besser wissen könnten, so viel Resonanz finden, bleibt „rätselhaft".
„Woher kommt das pubertäre Zündeln, woher die Lust an der Systemkritik und Staatsverhöhnung selbst unter Biedermännern"?

Die Antworten darauf in diesem Essay lauten:
Die empörten „Wutbürger" (in ganz Europa) sind sicher, „dass ihre Länder dem Untergang geweiht sind, dass ihre vertraute Lebensart geopfert wird auf dem Altar multikulturellen Wahns. Schließlich: dass Millionen Flüchtlinge ihre Gesellschaft und ihre Kultur überrennen und zerstören werden", und sie schließen sich gern „schlichten" Lösungen an.

Hinter den Fragen und Antworten steckt nun auch nicht unbedingt ein hochkomplexer Geist. Es ist nicht auszuschließen, dass es tatsächlich eine „schlichte" Lösung gibt, nämlich eine andere Flüchtlingspolitik, - die sich langsam sogar andeutet.
Die Furcht, überrannt zu werden, wird real, wenn von etablierten Politikern immer wieder unwidersprochen behauptet wird, „Deutschland wird sich verändern".
Es gibt genügend „Biedermänner" und Biederfrauen, denen man keine Lust an der Systemkritik und Staatsverhöhnung unterstellen darf: Sloterdijk, Safranski, Broder, Heinrich-August Winkler, Udo di Fabio, Monika Maron, Seyran Ates, Nekla Kelek, Sabatina James, Güner Balci, Tania Kambouri, Ayaan Hirsi Ali.
Es bleibt auch gar nicht „rätselhaft", warum Rechtspopulisten so viel „Resonanz finden". Die Ursache dafür ist, dass die Kritiker bei den etablierten

Parteien keine Resonanz finden.

Noch ist Sachsen nicht verloren

28.02.2016

Nun liegt Sachsen auf der Couch eines Psychoanalytikers (WamS vom 28.2.), der zu erklären versucht, warum gerade in Sachsen so viele Rechtsradikale „ihr Unwesen treiben".

Hier sei eine gewagte These aufgestellt, die sich der Psychoanalyse entzieht und „einfachere" Ursachen berücksichtigt. (Vorab: grölende Glatzen mit Springerstiefeln und Brandstifter sind widerlich).

Der Ur-Grund für die „Wutbürger" in Sachsen und den neuen Bundesländern liegt einzig und allein in der ihrer Meinung nach verfehlten Flüchtlingspolitik von Angela Merkel und Brüssel, durch die sie sich entmündigt fühlen.

Eine der Ursachen für den massenhaften „Mut zum Ungehorsam" liegt darin, dass sie in der DDR vom festsitzenden geltenden Mainstream Westdeutschlands weniger betroffen waren. Die Meinungsmacht der Grünen zum Beispiel, die ja vorrangig gar keine „grünen" Ziele mehr anstreben, sondern eher ein heterogener Zusammenschluss von Homophilen, Feministen, Pädophilen, Pazifisten, „Antifaschisten", Kommunisten und Moralisten sind, hat dazu beigetragen, die westdeutsche Gesellschaft „postheroisch" werden zu lassen. Und wenn dieses ideologische Gemisch auch noch verkündet wird von Schwätzern wie Claudia Roth, Göring-Eckardt, Simone Peter, Volker Beck und Anton Hofreiter, dann platzt einigen Sachsen eben der Kragen. Auch Habermas, der „Praeceptor Germaniae" lässt im Hintergrund grüßen.

Demonstrationen gegen diese Phalanx der „Wohlmeinenden" zu veranstalten, erfordert noch größeren Mut als den der Sachsen.

Das Problem der großen Zahl

27.02.2016

Die vier Wirtschaftsverbände (BDA, BDI, DIHK und Handwerksverband) stellen sich im Streit über die Flüchtlingspolitik geschlossen hinter Merkel und ihrem „Ansatz".

Sie begründen ihre Haltung u.a. mit allgemeinen Theorien zu den Methoden der Reduzierung. Konkret möchte man aber gerade von den Verbänden wissen, wie es gelingen soll, Millionen von Migranten und Flüchtlingen einen Arbeitsplatz anzubieten. Es genügt nicht, einen oder zwei Migranten zu zeigen, die erfolgreich vor sich hin hobeln oder feilen.

Simplifizierer aller Orten

27.02.2016

Alle diejenigen, die die Flüchtlingspolitik von Angela Merkel kritisieren, seien

„Pack", man finde Kuriositäten und Plattitüden zu Hauf in Reden und im Wahlprogramm der AfD, und vor allem seien die Simplifizierer auf dem Vormarsch.

Genau kann man diese Spezies aber gar nicht definieren. Ist Horst Seehofer ein Simplifizierer, dessen politische Vorstellungen in der Flüchtlingskrise nicht sehr weit entfernt sind von den Simplifizierern der AfD? Sind die Koalitionsparteien Simplifizierer, weil sie jetzt endlich Vorschläge zur Flüchtlingsreduktion aufnehmen, die Simplifizierer schon vor Monaten gemacht haben?

Und wenn es um eine Aufzählung von Kuriositäten und Plattitüden unserer Politiker geht, dann stehen Mitglieder der GroKo oder der Linken anderen zahlenmäßig in nichts nach.

Ein Gedankenexperiment: Wenn es gegen Merkels ursprüngliche Flüchtlingspolitik keine Opposition gegeben hätte, dann hätten sich sogar Aborigines auf den Weg nach Deutschland gemacht.

Stochastik

27.02.2016

Wie sich doch die Vorhersagen für ganz verschiedene Bereiche gleichen!
„Mit den Flüchtlingszahlen sind wir an der Grenze der Belastbarkeit" wird genauso häufig wiederholt, wie die Einschätzung: „Der Grexit ist höchstwahrscheinlich".

Merkel kennen alle

25.02.2016

Wenn CDU-Politiker wie Laschet vehement bestreiten, dass Merkel mindestens die Flüchtlings- und Migrantenkrise verstärkt hat, dann sollten Merkels Verteidiger die Frage beantworten, warum (fast) alle Zuwanderer den Namen „Merkel" kennen und nach Deutschland wollen.

PS In der Sendung „Maischberger" hat Peter Ramsauer bewiesen, dass er auf der Spitze einer Nähnadel argumentieren kann, andere nutzen dagegen die Weite eines Pfannkuchens.

Schöne humanitäre Floskeln

25.02.2016

Die Überschätzung von Humanität und Moral in der Migranten- und Flüchtlingskrise widerspricht einer auf Vernunft basierten Politik, die bewährte Standards hochachtet:

Grenzkontrollen, um zu wissen, wer ins Land kommt,
Ausweisung und Abschiebung von Menschen, die Deutschlands Großzügigkeit ausnutzen wollen,

Mittel der Abschreckung einsetzen und schreckliche Bilder „politisch" ertragen, um nicht den Millionen von weltweiten Flüchtlingen unbegrenzte Aufnahmebereitschaft zu versprechen,
reale Angst und berechtigte Wünsche der Bürger nicht abwerten oder sogar verleumden,
Politikern und Meinungsmachern „kalte" Argumente entgegensetzen, die sich und andere an schönen humanitären Floskeln berauschen und glauben, damit Probleme zu lösen.

Das „Kriterium der Nützlichkeit"

24.02.2016

Man sieht und hört je nach intellektueller Prägung und Voreingenommenheit (vgl. Francis Bacons Idolenlehre) hilflosen oder argumentativen Sperrmüll in der Flüchtlingskrise und im syrischen Bürgerkrieg.
Es ist eine begründete Einsicht, dass erst durch einen nachhaltigen Erfolg definiert wird, was in der Weltgeschichte richtig oder was falsch war (vgl. in etwa John Deweys „Kriterium der Nützlichkeit").
Noch ist nicht entschieden, ob der deutsche Atomausstieg mit „köstlicher" Energiewende, ob die Griechenland-Rettung oder ein Brexit dem überschaubaren Fortschritt der Menschheit mehr dienen wird. Aber überall hat Angela Merkel ihre Finger im Spiel aufgrund der enormen Wirtschaftskraft Deutschlands, zu der sie nur wenig beigetragen hat. Ihr „internationaler Ansatz" (mit einer Fülle von Stellschrauben, die eine schnelle „spürbare Reduktion" der Migrantenzahl wahrscheinlich nicht erreichen wird) oder ein „nationaler Einsatz" (mit kontrollierten Grenzen, wie ihn unsere europäischen Nachbarn bevorzugen), sollten angesichts dieses (richtigen oder falschen) Befundes nicht mit Arroganz, Hass, Verleumdung oder Hochmut bekämpft werden. (Auch geistig Behinderte werden ja nicht mit diesen Emotionen therapiert).

Von solchen Typen, die diese Voraussetzungen nicht erkennen, gibt es einige. Sie beherrschen zwar die deutsche Sprache überdurchschnittlich gut, haben aber von aristotelischer Logik keine Ahnung und berufen sich auf eine Scheinmoral, die Immanuel Kant im Grabe rotieren lassen: Stegner und Beck mit zwei Semester Studium und dem Einsatz seines steifen Zeigefingers ragen da besonders heraus.

Feuerpause in Syrien

24.02.2016

Es ist eine erfreuliche Nachricht, dass es in Syrien ab Freitag vielleicht eine Feuerpause geben wird. Fast alle Oppositionsgruppen haben aber noch Vorbehalte und melden Bedingungen an.
So richtig überzeugte Demokraten scheinen auch die „gemäßigten" Rebellen nicht zu sein.

Daher muss man fragen, wer denn die „anfangs unbewaffnet demonstrierende Protestbewegung" im Rahmen der arabischen Rebellion war, „die einen breiten Querschnitt der syrischen Gesellschaft über soziale, religiöse und ethnische Grenzen hinweg repräsentierte" (Richard Herzinger in WELT vom 24.2.).

Vielleicht hat der arabische Dichter Adonis, Goethepreisträger von 2016, doch Recht mit seiner Meinung, dass es für den arabischen Raum eine Tragödie sei, dass die Rebellion gegen einen verhassten Despoten wieder nur einen Despoten einer anderen Weltanschauung hervorbringt. Zum Beweis seiner These kann er den Muslimbruder Mursi in Ägypten und den „Sunnitentöter" al-Maliki im Irak anführen.

Abzuwarten ist übrigens auch, ob die von Assad geplanten Wahlen im April wirklich nur „Scheinwahlen" sein werden, wie häufig behauptet und voraus gewusst wird, obwohl Amerika, Russland und die UNO diese überwachen könnten.

Ursachen und Grund

24.02.2016

Intensiv wird nach den Ursachen gesucht, warum gerade in Sachsen so viele Gewalttaten gegen Migranten und Flüchtlinge passieren. Diese Frage mag für Soziologen und andere Wissenschaftsbereiche hochinteressant sein.

Dabei sollte man aber nicht vergessen, nach dem Grund zu forschen, weshalb es überhaupt zu dieser Art Gewalttaten kommt.

Confessiones und Islamophilie

22.02.2016

Ich finde Allah gut, weil er keinen Sohn opferte.

Ich möchte zum Islam konvertieren. Ich weiß aber noch nicht, welche Richtung dieser Religion ich wählen soll: den salafistischen, den dschihadistischen oder den Mazyek-Islam.
Ich werde Christian Wulff fragen.

Ich habe nicht die Spur von Islamophobie, denn ich habe einen Dachschaden.

Wie werden die Widersprüche dialektisch „aufgehoben"?

22.02.2016

Die Wahlkämpfer Julia Klöckner und Guido Wolf machen in der Flüchtlingskrise Vorschläge, die der offiziellen Linie der Regierung widersprechen. Merkel will weiterhin die Grenzen in Europa „offenhalten". Doch welche noch „offenen Grenzen" meint sie?
Die Kritik an Merkel „falle ihr in den Rücken".
Nun stelle man sich mal vor, Deutschland wäre ein Wirtschaftsunternehmen.

Die Chefin macht einen horrenden Fehler und die Charts stürzen ab. Die Mitarbeiter kritisieren sie. Daraufhin heißt es: „ Sie fallen der Konzernleiterin in den Rücken".
Da würde man sich doch sprachlos an den Kopf fassen.

Sichtweisen

21.02.2016

Im neuesten „Stern" prangt auf der Titelseite u.a. die Behauptung: Wie unsere Nachbarn uns in der Flüchtlingskrise „im Stich lassen".
Mit einem anderen Blick auf dasselbe Problem kann man auch formulieren: Unsere Nachbarn machen den Blödsinn von Angela Merkel nicht mit.

Altmaier meint immer noch: „Unsere Politik war richtig, aber sie brauchte Zeit". Entlarvend ist der Gebrauch des Präteritums („war"-„brauchte"). In der Tat brauchte Merkels „internationale Lösung" mit vielen Stellschrauben sehr viel Zeit. Damit wird aber das Problem eben nicht gelöst, weil die Migranten in der Gegenwart kommen.

Gegen das Schließen der Balkanroute und weiterer Binnengrenzen argumentierte Merkel und Anhänger, dass es dann einen riesigen Stau in Griechenland gäbe. Nun wird berichtet, dass die Migranten nicht in einem Stau enden wollen, sondern erfolgversprechende andere Routen nach Europa suchen, besonders wieder aus Libyen übers Mittelmeer. Da hat Merkel aber ganz falsch „vom Ende her" gedacht.

Wenn man glaubte, den Seeweg von der Türkei nach Griechenland überwachen zu können, dann muss das auch für die Lampedusa- oder andere Routen gelten.

Politische Katharsis

20.02.2016

Die AfD ist in der veröffentlichten Meinung eine Partei der Fortschrittsgegner, von nationalistischen Dumpfbacken und Schlimmerem.
Meinungsforscher stellen nun fest, dass die AfD Zulauf aus allen Parteien erfährt. Da können die Parteien, deren ehemalige Wähler zur AfD wandern, doch froh sein, dass sie sich in einer Art kathartischem Prozess von solchem Pack, das so leicht von Rattenfängern manipuliert werden kann, säubern.

Symptome und Ursache

20.02.2016

Gerade auch vor den Landtagswahlen in drei Bundesländern streitet man sich über den rechten Umgang mit „Rechtspopulisten". Darf man in der Flüchtlingskrise Argumente benutzen, die auch die AfD schon seit Jahren benutzt? Darf man dem Volk die volle Wahrheit zumuten oder soll man aus volkspädagogischen Gründen lieber eine Verschleierungstaktik anwenden? usw.

Wie bei wirkungsloser Medizin behandelt man vorwiegend Symptome. Dabei wird immer wieder die einzige Ursache übersehen oder nicht genannt:

Es ist die zu hohe Zahl von Flüchtlingen und Migranten, die mit großer Wahrscheinlichkeit höchstens zur Hälfte voll integriert werden kann. Die falsche Politik, die zu dieser Überforderung geführt hat, hat „das Böse" geweckt, das in vielen Menschen latent schlummert. Und diese Spezies kann auch nicht wie Florettfechter mit scharfen Argumenten fechten, sondern spricht und pöbelt im restringierten Code.

Die „spürbare Reduktion" der Zuwanderung, zu der sich jetzt auch unsere „Willkommenskanzlerin" aufgrund der Realitäten gewendet hat, wird die gesellschaftliche „Krankheit" beseitigen, wenn sie denn gelingt.

PS Es ist abenteuerlich, wie sehr viele moraltriefende Grüne ihre Erzfeinde mit ihrer Politik füttern.

„Geänderte Einsicht" oder „fataler Starrsinn"?

19.02.2016

In einem Leitartikel findet sich der Satz: „Falls nämlich Merkel einsehen müsste, dass eine europäische Lösung (in der Flüchtlingskrise) nicht machbar ist, dann sähe sich die Regierung des demokratischen Verfassungsstaates zum nationalen Grenzregime gezwungen".

Zu dieser Einschätzung passt auch die Meinung des tschechischen Europastaatssekretärs Tomas Prouza: „Wenn der Zustrom von 1500 bis 2000 Menschen am Tag bis Mitte März andauert, wird klar sein, dass die Türkei ihre Versprechen nicht erfüllt hat und wir Maßnahmen brauchen, um die europäische Grenze zu schützen".

Wenn das so kommt und europäische nationale Binnengrenzen den Zustrom von Migranten „spürbar reduzieren" können, dann war es falsch, so lange auf dieses Mittel zu verzichten. Dann käme Merkels mögliche Einsicht viel zu spät, und sie müsste die „politische Verantwortung übernehmen" für das verheerende Chaos und die teilweise beschwiegene Gesetzlosigkeit in Deutschland.

Dann werden die Kommentare nicht mehr von „ geänderter Einsicht" reden, sondern von „fatalem Starrsinn" historischen Ausmaßes.

Merkel: Die historische Lichtgestalt

17.02.2016

Merkel gilt in Deutschland und der Welt in Politik und Medien immer noch als Lichtgestalt, weil sie allen Hilfsbedürftigen sei es mit tatsächlichen oder angeblichen Versprechungen ein besseres Leben in Aussicht stellt. Ihr wird zugeschrieben, dass sie den meisten politischen Eliten in Europa intellektuell und vorausschauend überlegen sei, und dass die „Geschichte" ihr positives

Wirken würdigen werde (der Prophet Jean-Claude Juncker). Diese Bewertung ist schon rein statistisch gesehen grober Unfug. Sie ist nicht die „Eine" (vgl. Sokrates in Platons „Kriton"), der alle anderen nicht das Wasser reichen können. Allein ihre Vorstellung, Europa und vieles mehr würden zerbrechen, wenn man ihren Vorgaben nicht folge, ist eine Anmaßung.

Wenn ihr Plan der EU-Türkei-Migrationsagenda der richtige Weg zur Reduzierung der Flüchtlingszahlen ist, dann kann es in Griechenland keinen Stau mit dem befürchteten Chaos geben. Und alle Binnengrenzen im Schengenraum bekämen musealen Charakter. Also warum diese Aufregung über solche Grenzen?

Gelingt dieser Plan aber nur unvollkommen oder gar nicht mit Nato, der Rückführung der Flüchtlinge in die Türkei und einer Kontingentlösung, dann liegt die ganze Last der Sicherung der Schengengrenzen bei Griechenland, sofern der Flüchtlingsstrom anhält. Es wird in der Tat zunächst diesen befürchteten Stau geben, vorwiegend auf den Inseln vor der Türkei. Dieser Stau kann aber abgebaut werden, - nicht dadurch, dass man die Menschen nach Norden auf die Balkanroute schickt, denn die nationalen Grenzen werden geschlossen sein: Mazedonien, Bulgarien, Österreich und auch Italien. In den Hotspots (Registrierungszentren), die auf den Inseln eingerichtet sind/werden, muss schnell entschieden werden, wem Asyl oder ein Aufenthaltsrecht gewährt werden muss. Alle anderen werden dann mit großer finanzieller Unterstützung der EU in die Türkei zurückgeführt. Die wenigen Berechtigten (Angela Merkel) werden in Europa oder nur in Deutschland verteilt.

Auf jeden Fall wird es bei härteren Maßnahmen zur „spürbaren Reduzierung" Bilder geben, die nur schwer erträglich sind. Aber das transzendente Ziel hinter allen Bemühungen: alle Hilfsbedürftigen dieser Welt ohne Leiden relativ zufrieden zu machen, wird scheitern. Eine „spürbare Reduzierung" gelingt nur mit „Abschreckung". Wenn erkannt wird, dass eine Zuwanderung nach Europa eine gleiche oder sogar schlechtere Alternative für ihr Leben ist, dann werden die Menschen dort bleiben, wo sie sind - unterstützt mit reichlich Geld der EU. (Ich könnte mich irren)

Visegradstaaten und Islamophobie

17.02.2016

Wer überhaupt keine Islamophobie empfindet, der glaubt auch, dass die Taube ein friedlicher Vogel ist.

Die Ablehnung der Visegradstaaten, eine Vielzahl von Muslimen ins Land zu lassen, ist nicht völlig von Angst diktiert, denn es gebietet auch die praktische Vernunft, wenn man die schlimmen Erfahrungen mit Salafisten, Dschihadisten und Terroristen bedenkt, die sich alle auf den Islam berufen, - auch wenn einige Islamwissenschaftler dauern wiederholen, das habe alles mit dieser Religion nichts zu tun.

Apostasie von „Göttin Angela"

Gesetzt den Fall, dass Merkel in der Flüchtlingskrise tatsächlich eine „Pippi-Langstrumpf- oder Ponyhof-Politik" (Boris Palmer) gemixt mit moralischem Größenwahn betreibt, ist es nur allzu verständlich, wenn die überwiegende Zahl der europäischen Staaten diese falsche Politik nicht mitmachen will. Denn gegen die Forderung nach Solidarität für offensichtlichen Unsinn darf man gerne eigene Ideen entwickeln.

Gegen „Göttin Angela" zu opponieren, wie es die Visegradstaaten gerade machen, wird in vielen deutschen Medien geradezu als Apostasie, als Abwendung von Merkels „Flüchtlingsreligion", gewertet.

PS Auf die Frage, was man denn mit dem „Einen" machen soll, der die ominöse „Obergrenze" überschreitet, kann geantwortet werden: „Den lassen wir rein, auch den „zweiten", „dritten" usw., aber nicht Hunderttausende".

„Spanier schießen auf Flüchtlinge"

Plasberg hat in seiner Sendung „hart aber fair" die Diskussion wieder einmal souverän geführt. Gegen ihn fielen Armin Laschet und Rolf-Dieter Krause stark ab.

Laschet schaffte es „wie immer", Einzelprobleme argumentativ nahezu richtig zu erklären. Das Hauptproblem aber, dass Deutschland durch die Politik der halboffenen Grenzen und weiterer Anreize die Flüchtlinge und Migranten anzieht, beschönigt er „wie immer" und glaubt, seine Fragen seien besonders intelligent und alle anderen Politiker seien doof.

Übrigens scheint er gar nicht mitbekommen zu haben, dass in Brüssel, wie es den Anschein hat, das Diskussionspendel in Richtung „Staatenbund" ausschlägt.

Krause präsentierte sich als grinsender kopfschüttelnder Großdenker mit Spezialwissen, der Andersdenkende mit seinem erhobenen Zeigefinger kritisieren müsste.

Übrigens hat die spanische Küstenwache tatsächlich, wie er sagte, „geschossen". Aber nach anderen Berichten mit Gummigeschossen.

Der ungarische Botschafter, Peter Györkös, hätte von den Zuhörern mehr Beifall verdient gehabt.

Broder ins Kanzleramt

Henryk M. Broder hat ein begnadetes Sensorium für wahre Humanität. Das beweist er wieder einmal mit seinem Kommentar in der WamS vom 14.2.

Darin sind zwei Sätze ganz besonders hervorzuheben:
Könnte es sein, dass sie (Frau Angela Dorothea Merkel, geb. Kasner) sich durch die Plauderstunde mit George Clooney nebst Gemahlin „auf das Ende ihres Berliner Matriarchats vorbereitet?"
Und „die Frage, wie es mit der Kanzlerin weitergeht, scheint überhaupt wichtiger als die, wie den Flüchtlingen geholfen werden könnte".

Kampf um Alesia und Kampf um Aleppo

14.02.2016

Militärhistoriker haben es geschafft, detailliert zu skizzieren, mit welcher Taktik C. Julius Caesar vor rund 2000 Jahren die Stadt Alesia eingenommen hat. Warum gelingt dasselbe nicht für Aleppo im Frühjahr 2016? Wo ist da ein Korridor für humanitäre Hilfslieferungen? Wer belagert wen? Wo werden Belagerungsringe durchbrochen? Welche Stadtteile werden von wem bombardiert? Erfreut sich die Bevölkerung an den „gemäßigten" Rebellen?

Vier Statements, zwei Thesen und Harald Kujat

14.02.2016

Obama sagte in der Vergangenheit:
„Ein Versuch von Russland und dem Iran, Assad zu retten und die Bevölkerung zu befrieden, wird sie nur in einen Treibsand verwickeln, und es wird nicht funktionieren".

Assad meldet nach militärischen Erfolgen den Anspruch an, das ganze Land wieder unter seine Kontrolle bringen zu wollen.

John Kerry erklärte:
„Wir tun alles, was der Diplomatie möglich ist, um ein friedliches, geeintes, säkulares Syrien wieder herzustellen". Aber natürlich gebe es „Gegenströmungen" und unterschiedliche Auffassungen, was die Zukunft des Präsidenten Baschar al-Assad betreffe.

Lawrow wiederum betonte dass „allein das syrische Volk zu entscheiden" habe. Es sei eine Illusion zu glauben, mit einem Regime-Wechsel komme schon alles in Ordnung.

Zwei Thesen halten sich hartnäckig in den Kommentaren:
1) Assad lässt die „Zivilbevölkerung" massakrieren. (Welchen Sinn macht das?)
2) Es ist unmöglich, den Krieg militärisch zu gewinnen.

Harald Kujat, der noch vor kurzem wegen seiner Analyse zu Syrien als fast irre angesehen wurde und nun häufiger auch positiv zitiert wird, glaubt, dass diese These (2) nur eingeschränkte Gültigkeit habe, denn: „Ausschließen lässt sich das nicht".
Recht hat er, denn die meisten Kriege in der Welt sind doch wohl militärisch

entschieden worden.

Aus diesem Wirrwarr von Sprüchen und Widersprüchen ist bisher kein erfolgreicher Friedensplan für Syrien ableitbar.

Feuerpause binnen einer Woche in Syrien

13.02.2016

Sascha Lehnartz veröffentlicht auf der Titelseite der WELT vom 13.2. unter der Überschrift „Feuerpause in Syrien - aber nur wenn die Russen Lust haben" seine unfaire Meinung.

Es wurde verabredet, dass binnen einer Woche die Gewalt auf dem syrischen Schlachtfeld „signifikant reduziert" werden soll. Dabei gibt es eine große Schwierigkeit. Es ist nämlich umstritten, wer als Terrorist gilt. Ausdrücklich ausgenommen aber von der Feuerpause „sind der Islamische Staat und die Al-Nusra-Front". Gegen diese und weitere terroristische Gruppen, die von der UN als solche bezeichnet würden, werde man weiterhin kämpfen und auch die Bombardierung nicht einstellen, kündigte Lawrow unmissverständlich an. Das hat mit „Lust haben" wenig zu tun!
Dazu kommentiert Lehnartz auch weiterhin voreingenommen: „Im Grunde sind für Moskau alle außer Assad ‚Terroristen'". Es ist aber schon vor Wochen berichtet worden, dass Moskau mit „gemäßigten" Oppositionellen verhandelt hat.
In seinem Artikel erwähnt er desweiteren die Regelung, dass der Zugang für humanitäre Hilfslieferungen garantiert werden solle in Ortschaften, die „momentan unter Belagerung stehen". Zu solchen Unmenschlichkeiten ist nach der Vorstellung von Lehnartz wohl nur Assads Armee fähig, denn im ZDF hieß das: „die unter Belagerung verschiedener islamistischer Milizen stehen".
Auch die mögliche Nachkriegsordnung kommentiert Lehnartz abwertend. Lawrow habe betont, „die russische Position sei im Einklang mit der UN-Resolution 2054 immer die gewesen, dass das syrische Volk selbst über seine Zukunft entscheiden müsse". Wenn das nicht gelogen ist, dann ist das ein vernünftiger Vorschlag!
Mit allen anerkannten beteiligten Oppositionsgruppen müsse „gegenseitiges Einvernehmen" über den Übergang erzielt werden. Aber nach Lehnartz muss „die Vorstellung, dass Vertreter der Assad-Regierung sich mit allen (sic!) syrischen Oppositionellen auf irgendetwas einigen, kann man allerdings getrost ins Reich der Utopie verweisen".
Es klingt aber nicht utopisch, was an anderer Stelle in der WELT berichtet wird, dass nämlich sogenannte Taskforces mit Vertretern mehrerer Nationen und russisch-amerikanischer Führung abstecken sollen, wo weiter gegen die islamistischen Milizen IS und Nusra-Front gekämpft werden darf.

Integration

Man ist sich einig, dass die Flüchtlinge und Migranten, die aus einer ganz anderen Kultur kommen, „integriert" werden müssen in unsere Welt und Werte. Daher sollte man sich frühzeitig Gedanken machen, welche Inhalte z.B. in Seminaren vermittelt werden könnten. Es geht dabei nicht nur um die Kenntnisse des deutschen Grundgesetzes oder dem Angebot von Arbeitsplätzen.

Hier ein paar spontane Vorschläge:

1) Mehrere Seminare zu europäischer und deutscher Musik: Händel, Hayden, Beethoven, Mozart
2) Mehrere Seminare zu europäischer Architektur von Romanik bis Klassizismus
3) Mehrere Seminare zu europäischer Malerei: Raphael, Michelangelo, Rembrandt, Picasso
4) Mehrere Seminare zu europäischer und deutscher Literatur: Goethe
5) Mehrere Seminare zu europäischer Philosophie: Aufklärung, Existentialismus
6) Mehrere Seminare zum Christentum und zur westlichen Ethik
7) Ein Seminar über Claudia Roth, Jakob Augstein und Loriot

usw.

Syrien: Die Russen sind an allem schuld

Allein die Russen haben finstere Interessen in Syrien, und die USA haben keine. Sie wollen nur Frieden.

Diese „korrekte" weit verbreitete Meinung hat Harald Kujat, der Ex-Generalinspekteur der Bundeswehr, von dem man annehmen darf, dass er militärstrategisch intelligent argumentieren kann, herausgefordert mit seiner These, dass „die Russen... mit ihrem militärischen Eingreifen den Friedensprozess erst möglich gemacht" haben. Aber seine Einschätzung, dass „weder die Amerikaner noch die Europäer.. eine Strategie für ein friedliches Syrien (hatten) und auch nicht bereit waren, sich massiv zu engagieren" und dass die Russen „damit ein Fenster für eine politische Lösung aufgestoßen" haben, ist bedenkenswert.

Man hat sich in der Syrien-Friedenskonferenz gestritten, welche Oppositionellen zur Konferenz eingeladen werden sollten. Die islamistische Nusra-Front und andere Terroristen sollten nicht teilnehmen. Schon vor Monaten wurde in einem Nebensatz berichtet, dass Russland mit „gemäßigten" Rebellen verhandelt hat. Das macht es wahrscheinlich, dass daraufhin vielleicht einige jetzt von russischen Luftschlägen verschont werden, nur eben nicht die Nusra-Front, die in Aleppo die Macht ausübt(e).

Mit seiner positiven Beurteilung der russischen Aktivitäten in Syrien steht Kujat nicht allein. Auch der Patriarch der syrisch-katholischen Kirche, Ignatius Joseph III. Younan, lobt die Russen. Sie seien es, „die christliche Minderheiten gegen die Dschihadisten verteidigen".

PS Fliehen die Menschen aus „ganz" Aleppo nur vor den Russen und vor Assads Armee oder vor dem Beschuss beider Kriegsgegner? Desweiteren scheint mir die Behauptung, Assads Truppen schlössen Aleppo ein, wenn doch zwei Drittel der Stadt von der syrischen Armee beherrscht werden, nicht gerade sinnreich. (Da ich hier in Hamburg allein auf Berichte angewiesen bin, könnte ich mich irren)

Plädoyers wider den „Populismus"

11.02.2016

Zäune und Mauern seien keine Mittel gegen die Flüchtlingsströme. Die Festsetzung von Obergrenzen und geschlossene Grenzen würden Flüchtlinge und Migranten nicht „spürbar reduzieren". Es gäbe nicht mehr Kriminalität und der Islam betrachte Frauen und Männer als gleichberechtigt. Preiswerte Wohnungen könne es auch künftig für alle geben. Die Kosten für Flüchtlinge könnte ein reiches Land wie Deutschland gut tragen.

Zäune und Mauern können ein Mittel gegen die Flüchtlingsströme sein. Die Festsetzung von Obergrenzen und geschlossene Grenzen werden Flüchtlinge und Migranten „spürbar reduzieren". Es gibt mehr Kriminalität und der Islam betrachtet Frauen und Männer als gleichberechtigt - im Himmel, vor Allah! Preiswerte Wohnungen werden noch seltener. Die Kosten für Flüchtlinge kann auch ein reiches Land wie Deutschland nicht ohne Steuererhöhungen bewältigen.

Frau Angela Dorothea Merkel, geb. Kasner

10.02.2016

Da diskutieren schon seit Monaten Hunderte von Journalisten und Wissenschaftlern über den Willen und die Handlungen „der Kanzlerin". Die geistesschwangeren und todernsten Köpfe rauchen. Wer verbirgt sich hinter diesem bewunderten Ehren- und Adelstitel „die Kanzlerin"? Ein einziger Kopf, der Kopf einer Frau mit dem Namen Angela Dorothea Merkel, wohlgemerkt nicht Niccolo Machiavelli oder Max Weber!
Kritik zu formulieren gegen eine Person, der zweifellos keine göttlichen Kräfte innewohnen und die fehlbar ist, ist kein Sakrileg.

Gefährlich ist´s, den Leu zu wecken

09.02.2016

Bekannt ist, dass erst in Krisen wahre Freundschaften erkannt werden. Dasselbe passiert offenbar mit Feindschaften.

Es wird berechtigt beklagt, dass physische und verbale Beleidigungs- und Hassattacken in den Netzen unerträglich sind. Diese Primitivlinge werden aber gewiss auch in privaten Streitereien eher die Fäuste einsetzen oder zu Mistgabeln greifen (ohne an Hitler zu denken oder unter dem Kommunismus gelitten zu haben), als den Gegner mit feingeschliffenen Argumenten außer Gefecht zu setzen. Die Flüchtlingskrise und ihre Interpretation bietet ein weites Feld, um tiefenpsychologische und historische Erkenntnisse in die Diskussion einzubringen. Es fehlt aber ein naheliegendes Argument in dieser Geistesschlacht: Es ist die verfehlte Flüchtlingspolitik von Angela Merkel und Sympathisanten, die diese dunkle, böse Seite in einigen Menschen hervorgerufen hat. Schiller wusste das (in: Die Glocke, im letzten Vers abgewandelt):
Gefährlich ist's, den Leu zu wecken,
verderblich ist des Tigers Zahn,
jedoch der schrecklichste der Schrecken
das ist des Volkes Zorn.

Nun stelle man sich aber mal vor, Merkel hätte ihre Flüchtlingspolitik, die jetzt endlich auch durch die Realität geändert wird, aus einer Mischung aus unendlicher Güte und politischer Ahnungslosigkeit ohne Kritik weiter betreiben zu können. Da wäre der Kessel mit einem ganz großen Knall auseinander geflogen. Gibt es wirklich Verteidiger von Merkels Politik, die glauben, dass bisher alles fehlerfrei abgelaufen ist?

PS zum Optimismus ist niemand verpflichtet.

Russland bombadiert Aleppo

09.02.2016

Am 6.2. belagerten die al-Nusra-Front, ein Ableger von al-Quaida, und die islamistische Organisation Ansar al-Din Orte der Schiiten im Norden Aleppos.
Am 8.2. hatten Assads Truppen den Belagerungsring fast geschlossen, und
am 9.2. wurden gemäßigte Rebellen von den Russen bombadiert (aus Berichten der WELT). Das ist ziemlich verworren. Selbst der todesmütige Todenhöfer könnte wohl keine Klarheit schaffen.
Ich glaube nicht, dass die Russen „gemäßigte" Kräfte angreifen. Das macht keinen Sinn.
Dennoch, - der Krieg ist schrecklich und das Leiden der Zivilbevölkerung furchtbar.

PS Welche Ziele bombadiert die westliche Allianz?

Umdenken ist leicht!

08.02.2016

Hurra! Ich gehöre jetzt zu den „Guten", weil ich überzeugt wurde,
dass sich in der AfD nur Hetzern und Hasspredlger versammelt haben, die

keine Lösungen in der Flüchtlingskrise anbieten. Das weiß ich, obwohl ich ihr Parteiprogramm nicht gelesen habe,
dass die 80% der Deutschen, die unserer GroKo die Kompetenz in der Flüchtlingsfrage absprechen, diese Meinung nicht wegen der Realität haben, sondern weil sie manipuliert wurden. Um deren Ängste und Sorgen wird sich die Regierung verstärkt kümmern,
dass die Spatzenhirne, wie Safranski, Sloterdijk, Verfassungsrichter, Bosbach, Herles, Tichy, Peter Schneider, Paul Collier, Stefan Aust und leider auch viele andere sog. Intellektuelle, in die Tonne gehören,
dass das Asylrecht zu vier Fünftel eine Obergrenze verbietet, und dass sie auch deshalb unlogisch ist, weil man nicht weiß, was man mit „dem Einen", der diese Grenze überschreitet, machen soll. Klar bleibt aber, dass die Flüchtlingszahl „spürbar reduziert" werden muss,
dass der Islam zu Deutschland gehört, und dass es überhaupt kein Problem ist, selbst wenn Millionen von Muslimen ins Land kommen, die größtenteils mit Ideen des Neolithikums sozialisiert sind. Es ist eine schöne Aufgabe für Behörden und Zivilgesellschaft, diese Menschen zu den westlichen Werten zu erziehen,
dass das Flüchtlingsproblem langfristig nur international gelöst werden kann. Da hat unsere wunderbar empathische Bundeskanzlerin völlig recht,
dass eine kurzfristige nationale Lösung, die strenge Kontrolle auch der deutschen Grenzen, Europa zerstören würde,
dass deutsche Behörden schlampig arbeiten und die Integration vernetzter gestaltet werden muss.

Zwei kleinere Probleme habe ich noch nicht ganz durchschaut. Wenn es richtig ist, dass nur etwa 400.000 von 1 Million Flüchtlingen und Migranten effektiv integriert werden können, was machen dann die 600.000 anderen nur vom Jahr 2015?
Die Flüchtlingszahlen sollen „spürbar reduziert" werden. Nun ist „spürbar" kein Element der natürlichen Zahlen. Welche Zahl ist mit dem Wort gemeint?

Es gibt kein Gleiches im Ungleichen
Potpourri der Amöben

07.02.2016

Viele Vertreter der etablierten Parteien müssen vor Scham, Neid und auch Hass zerspringen, weil solche Proleten und Dumpfbacken von der AfD und Pegida bereits vor Jahren deren damaligen problematischen politischen Entscheidungen kritisiert, ein Umdenken sowie aktuelle Entscheidungen der GroKo gefordert haben. Die Wahlprognosen zeigen, dass die Bürger das merken.
Auch scheinen einige Kommentatoren von Schizophrenie befallen zu sein. Sie lassen an der Flüchtlingspolitik der Regierung kein gutes Haar, aber die AfD, die die Vorschläge der Kommentatoren im Programm hat, bleibt die Heimat

der Glatzen.

In der Flüchtlingskrise werden die Begriffe durcheinander gewirbelt und selten erklärt: Flüchtlinge, Migranten Asylbewerber. In der gegenwärtigen Politik geschieht das Gleiche mit der rechten auch gewalttätigen und kriminellen Opposition: Rechtsradikale, Hogesa-Fans, NPD, AfD, Pegida.

PS Die gewalttätige Linke spielt derweilen unbeachtet friedlich in der Sandkiste.

AfD

06.02.2016

Ich werde Afd wählen, nicht so sehr wegen der Inhalte, sondern weil ich schockiert bin, mit welcher Inhumanität die political correctness Vertreter dieser Partei als Person vernichten will. Zu diesem Zweck werden die Bürger mit Fehlinterpretationen, Manipulationen und Blödsinn überhäuft.

Wer weiß was über Syrien? (Syrien 1)

06.02.2016

Militärexperten wissen, dass in jedem Krieg gewaltige Propagandaschlachten stattfinden, und dass die Wahrheit nur ganz schwer erkennbar bleibt. Warum sollte es beim Syrienkrieg anders sein?
George W. Bush wurde vorgeworfen, mit seinem Irakkrieg die Tragödien im Nahen Osten erst ausgelöst und den IS geschaffen zu haben. In der Tat war es wohl ein Fehler, Saddam qualifiziert zu haben wie Nicolae Ceausescu in Rumänien, und Husseins Armee und alle seine sunnitischen Führer und Funktionäre von der Macht im Irak fernzuhalten.
Dann aber wurde erklärt, dass der schiitische irakische Präsident al-Maliki, der gegen die Sunniten Verbrechen beging und den Iran herausforderte, den sunnitischen IS in Syrien stark gemacht hat, d.h. Bush wurde bei allen Argumenten vergessen.
(Fortsetzung folgt)

Hochkompliziertes Interessengeflecht in Syrien (Syrien 2)

06.02.2016

Plötzlich standen der schiitische Iran und das sunnitische Saudi-Arabien im Mittelpunkt der Erklärungen.
Der Iran und ein neuer Akteur, Russland, wollten den „Schlächter" Assad mindestens bis zu möglichen Wahlen an der Regierung halten. Assad wird für seine Gegner zur Symbolfigur alles Bösen. Wo sollen aber in der Zukunft seine Parteigänger bleiben? Ein Eigeninteresse beider Pro-Assad-Mächte ist klar, aber Putin handelt auch erklärtermaßen aus einer sehr klugen Überlegung heraus, dass man einen Torso staatlicher Macht erhalten müsse, damit sich der Bürgerkrieg nicht noch weiter ausbreite und/oder ein

Dschihadistenregime in Damaskus das Steuer übernehme. Assads Sturz könnte auch zur Auslöschung der Alawiten führen. Und auch der Patriarch der syrisch-katholischen Kirche sieht im Sturz Assads für Syrien eine große Gefahr. Eine gemäßigte Diktatur Assads sei einem radikal- islamistischen Totalitarismus vorzuziehen. Und es seien die Russen, die die christliche Minderheit gegen die Dschihadisten verteidigen.
(Fortsetzung folgt)

Erkenntnisse über Syrien in Nebensätzen (Syrien 3)

06.02.2016

Einiges über Syrien erfährt man nur in versteckten Nebensätzen. Häufig wird die „Syrische Beobachtungsstelle für Menschenrechte" zitiert. Man muss aber wissen, dass sie ihren Sitz in London hat und der Opposition nahesteht. Von einer solchen parteiischen Organisation muss man geradezu erwarten, dass sie nicht erklärt, was Fassbomben sind und anrichten, und warum sie auch Zivilisten töten, dass sie nur berichtet, welche Dörfer und Städte Assads Armee belagert, dass sie verschweigt, dass auch Rebellen und Terroristen Dörfer und Städte belagern, dass sich diese Milizen die Zivilbevölkerung als Schutzschild nehmen, dass Russland schon lange vor westlichen Akteuren mit Rebellengruppen verhandelt hat, bevor es Luftangriffe begann. Mir ist nicht bekannt, dass irgendwer bisher mit den Russen gesprochen hat, welche Milizen sie mit ihren Luftangriffen verschont.
Es sollte doch auch möglich sein herauszufinden, welche Menschen in Assads Gefängnissen saßen oder sitzen. Sind es vielleicht auch solche, gegen die vielleicht sogar die Alliierten zusammen mit Russland Krieg führen? Welche Gruppen wollten zu Beginn des Bürgerkrieges die Macht an sich reißen?
(Fortsetzung folgt)

Berichte über Aleppo und viele Fragen (Syrien 4)

06.02.2016

Wir erfahren aus den Medien, dass russische Luftangriffe auf Orte im Norden Aleppos einen Flüchtlingssturm verursachen. Weiteres Nachdenken, - das mag falsch sein -, und weitere Informationen lassen Skepsis aufkommen. Die Orte wurden bisher von der Nusra-Front und der islamistischen Organisation Ansar al-Din belagert. Wen sollten die russischen Bomben treffen? Doch wohl nicht die belagerte Zivilbevölkerung, sondern die belagernden Terrororganisationen am Rande der Orte. Wer war im Zentrum des Kessels, und warum fliehen sie? Sie fliehen sicher auch vor den russischen Bomben; aber auch vor den bekämpften Belagerern? Also vor wem? Vor Assads Truppen, die gerade den Belagerungsring gesprengt haben? Sehr unwahrscheinlich!
Könnten sie nach Beendigung der Kämpfe in ihre Dörfer zurückkehren oder

machen sie sich auf nach Europa?
Die beiden Terrormilizen werden von den Organisatoren der Syrienkonferenzen auch gar nicht eingeladen, weil sie den Friedensprozess nicht fördern würden. Werden von den USA und ihren Verbündeten außer dem IS auch andere Terrorgruppen bekämpft?

Kohls „Mädchen"

05.02.2016

Es wird bedauert, dass die angeblich begnadete Schachspielerin Merkel, in der Flüchtlingskrise nicht mehr die Enden eines Geflechtes aus Abhängigkeiten und rechtlichen Vorgaben in der Hand halte. „Putin und Assad, Erdogan, Kaczynski oder Renzi tun, was ihnen selber am besten passt, und Horst Seehofer auch" (Torsten Krauel in der Welt vom 05.02.) Und Orban auch!
Es gibt noch andere gemäßigtere Staatslenker, die mit Merkels Kurs der offenen Grenzen und ihrer langfristig angelegten „internationalen Lösungen" nicht einverstanden sind. Merkel ist nicht Metternich, Bismarck oder Adenauer, und das wissen auch sehr viele Europäer. Sie muss sich bei deutschen Wirtschaftsbossen, Arbeitern und Angestellten bedanken, dass so viel Geld in die Kassen fließt, mit dem sie Politik machen konnte.
Doch nun hat sie etwas „Eigenes", die Flüchtlingskrise, und da sieht es finster aus, genauso wie bei der „eigenen" Energiewende ohne Absprache mit den europäischen Nachbarn.

Wahrheitswidrige Manipulation

05.02.2016

Frauke Petrys irrige Interpretation der Grenzsicherungsparagraphen wird in ganz neue Dimensionen gesteigert. Ihr sollte in dem bekannten Interview der Begriff „Schießbefehl" untergeschoben werden. Sie sollte „Schießen" an der Grenze „gefordert" haben, obwohl sie nur ein Gesetz „interpretierte". Sie sprach von „Schusswaffengebrauch". Aber auch dieser Begriff wird gesteigert durch die unsägliche Formulierung, Petry plädiere dafür, Flüchtlinge beim illegalen Grenzübertritt zu „erschießen".
Diesen semantischen Hass dürfte man gern „erlogene Manipulation" nennen.

Wir dürfen das sagen, ihr nicht!

05.02.2016

Vor den Landtagswahlen meldet sich Merkel zu überraschendem Wort und sagt: Übrigens,
die meisten Flüchtlinge hätten gar keine Chance auf Asyl. Sie müssten nach spätestens drei Jahren wieder fort. Diese Tatsache muss sich eigentlich auch auf unterschiedliche Formen der Integration auswirken.

Als Beatrix von Storch diese Meinung in einer Talkshow vertrat, fielen alle anderen Teilnehmer über sie her, besonders Achim Lachet (CDU).
Auch die GroKo verabschiedet jetzt Gesetze, die noch in jüngster Vergangenheit als rechtsextrem verteufelt wurden.

Das „Volksheim" ist zu voll

04.02.2016

In der WELT vom 4.1. wird in großen Lettern die naive Frage gestellt: „Was ist bloß in Schweden passiert?", dem Musterland der sozialen Wärme.
Ethnologen, Biologen, Soziologen, Historiker u.a. haben die Probleme mit der übergroßen Zuwanderung vorausgesehen: Der Grund ist „das Zuviel".
Weitere dauernd wiederholte Gründe werden in diesem Artikel ebenfalls genannt:
- Es sei die „Perspektivlosigkeit" in Schweden, die Einwanderer gewalttätig werden lässt. Derselbe Grund wird für die Flucht behauptet: es sei die „Perspektivlosigkeit" in den Herkunftsländern.
- In jedem Land, in dem Aufenthaltsrechte für Flüchtlinge beschränkt werden, sind rechte Parteien schuld daran, dass liberale Regierungen härtere Bedingungen formulieren. Diese „Unglücklichen" sind in ihren Entscheidungen nicht mehr souverän, sondern werden von „schäbigen, unmenschlichen" Parteien und dem Druck der verführten „Basis" zu dieser „Unmenschlichkeit" getrieben.

Wird Angela irgendwann „die Große"?

03.02.2016

Der Eid von Bundeskanzler/in und allen Ministern bei Amtsantritt lautet in Auszügen:
„Ich schwöre, dass ich meine Kraft dem Wohle des deutschen Volkes widmen,...Schaden von ihm wenden...werde....
Bei einzelnen Passagen dieses Eides beschleichen auch Wohlmeinende einige Zweifel, ob Merkel diesen Eid hundertprozentig erfüllt...
Die Bayerische Staatsregierung und andere wollen vor dem Bundesverfassungsgericht klagen, 50 Milliarden errechnete Kosten für Flüchtlingshilfe bis 2017 sind auch kein Pappenstil und das staatliche Chaos ist beispiellos. Merkel sollte sich schnellstens entscheiden, ob sie Frau Käßmann sein will oder sich in der Zukunft bewerben will für den EKD-Ratsvorsitz oder als verantwortungsvolle Politikerin eines weltweit bedeutenden Landes agieren möchte.
Biographen und Kommentatoren erkennen oder unterstellen bei ihr mehr oder weniger plausible Motive, um die Frage zu beantworten, „was Angela Merkel antreibt" (Spiegel Nr.4):

- Wenn sich Merkel in der Flüchtlingskrise korrigieren müsste, werde sie das

nicht zugeben. Sie wird nie sagen, dass das falsch war.
- Es sei verhängnisvoll, wenn Merkel ihren Primärfehler, die Proklamierung der „Willkommenskultur", mit einer Europa- und Moralphilosophie überhöhe. Die aktuellen und prognostizierten Flüchtlingszahlen aus dem Nahen Osten und Afghanistan werden nicht das einzige Problem bleiben. Millionen von Armen in der Welt werden nach Deutschland kommen wollen, wenn es weiterhin diese Magnetwirkung ausübt.
- Merkels Haltung wurzele tief in ihrer Biographie, in den Erfahrungen ihres religiösen Elternhauses. Sie habe dort „Empathie inhaliert wie die Luft und den Sauerstoff". Nun ist aber Empathie kein Alleinstellungsmerkmal von Angela Merkel. Man darf Gegnern ihres Kurses dieses urmenschliche Gefühl nicht absprechen. Vielleicht kommen sie aus einem Elternhaus, wo Empathie und auch politischer Sachverstand herrschten.
- In diese Bewertung Merkels als hochgradig empathische Person kann man ihren mengentheoretisch sinnlosen Satz einordnen, dass heutzutage keine Menschenmassen kommen, sondern dass einzelne Menschen zu uns kommen".
- Zu Orban sagte sie: „Ich habe zu lange hinter einem Zaun gelebt, als das ich mir das noch einmal zurückwünsche". Nun ist es aber ein gewaltiger Unterschied, ob man durch einen Zaun/eine Mauer eigesperrt wird oder ob man beim Hereinlassen ins Land registriert werden soll.
- Wenn man die Grenzen nach Deutschland schließen würde, dann würden sich die Menschen vor dem Stacheldraht stauen. Das wären dann „hässliche Bilder", die die Deutschen nicht ertragen könnten. Dazu müsste man Merkel darauf hinweisen, dass sie als Politikerin diese Bilder, sofern es notwendig wird, zu ertragen hat. Es würde sehr wahrscheinlich in kurzer Zeit diese Bilder nicht mehr geben, weil sich verbreiten wird, dass auch Deutschland die Grenzen geschlossen hat.
- Ihre Wenn-dann-Drohungen (Wenn X, dann auch Y) sind lediglich Prognosen, die ohne logischen Widerspruch bestritten werden können.

Und welche Partei soll ich nun wählen?

Die Stunde der Fütterung

01.02.2016

Frauke Petry hat der nach Fehlern gierenden Meute der Journalisten und Politiker unvorsichtigerweise einen leckeren Brocken hingeworfen.
Ihr wird unterstellt, sie habe mit ihren Äußerungen zum Schusswaffengebrauch an der Grenze einen „kalkulierbaren Tabubruch" begangen, ihre „hässliche Fratze" und ihre „Unmenschlichkeit" gezeigt.
Erstens hat sie nicht von „Schießbefehl" gesprochen, zweitens nichts „gefordert", sondern ein Gesetz nach ihrem Verständnis interpretiert und drittens ist sie in dem unfairen Interview mit dem Mannheimer Morgen/Morgenweb in die Fallgrube zweier parteiischer Journalisten getappt.

Bei der Auslegung der einschlägigen Paragraphen hat sie sich (wohl) geirrt.
Beatrix von Storch hat sich nicht nur geirrt, sondern der AfD mit ihren
unsinnigen Aussagen geschadet.

Jakob Augstein

01.02.2016

Augstein ist wahrscheinlich nicht generell dumm, aber er hat großes Pech
beim Denken. Das ärgert ihn.
Frauke Petry und ihre falsche Interpretation des Schusswaffengebrauchs an
der Grenze beschießt er in seiner „fürsorglichen linken Weltsicht" mit der
Schmutzaussage: „aus dem lächelnden Mund läuft der Hass".
Einen Menschen mit einer derartigen Wortwahl zerstören zu wollen, passt
genau zu diesem arroganten Heuchler, der so gerne größer wäre.

Merkel hat es geschafft

01.02.2016

Deutschland im privaten und staatlichen Bereich in ein derartiges Chaos zu
stürzen, - das schafft nicht jeder. Sie hat's geschafft, ganz allein, ohne
Europa!

Blogs im Januar 2016

Westliche Werte 1: Voltaires Meinungsfreiheit

31.01.2016

„Ich werde Ihre Meinung bis an mein Lebensende bekämpfen, aber ich werde mich mit allen Kräften dafür einsetzen, dass Sie sie haben und aussprechen dürfen".

Dieses Zitat von Voltaire zählt zu den schönsten Aussagen zur Meinungsfreiheit. Aber dieser Großmut ist in Debatten zur Flüchtlingskrise nahezu gestorben. Da stehen sich zwei Geisterarmeen unversöhnlich gegenüber, die einander nur noch vernichten wollen. Die intellektuellen Schlachten entarten zunehmend zu moralisierende Maßlosigkeit, zu gesellschaftlicher Polarisierung und zu Denk- und Sprechverboten.

Westliche Werte 2   Spinozas Religionsfreiheit

31.01.2016

Spinoza sah in der Bibel keine göttliche Schöpfung - sie argumentiere „nach Menschenart", um den Menschen mittels religiöser Gebote gehorsam zu machen. 1656 wurde er aus der jüdischen Gemeinschaft verbannt.

„In aller Munde ist zwar die heilige Schrift das Wort Gottes,...aber...fast Alle sehen wir eigene Erdichtungen für Gottes Wort ausgeben, und nur darauf bedacht unter dem Vorwande der Religion die Anderen zu zwingen, dass sie denken wie sie".

Hat Allah schon jemals irgendeinem islamischen Gelehrten erlaubt, „seinen" Koran so kritisch zu interpretieren?

Zwei Armeen von Edelfedern

31.01.2016

Die intellektuelle Edelfeder der WELT, Richard Herzinger, schreibt in seinem Kommentar „Angela Merkel, der deutsche Sündenbock" unserer Bundeskanzlerin ein einzigartiges Alleinstellungsmerkmal zu: „Doch mehr als jeder andere deutsche Politiker steht sie für das Festhalten an den Grundsätzen der liberalen bundesdeutschen Demokratie - ihrer transatlantischen und europäischen Integration wie ihrer Verbundenheit mit Israel". Diese Qualitäten teilt Merkel mit anderen Politikern, die aber ihre Flüchtlingspolitik ablehnen. Kann es sein, dass Herzingers Kommentar einer oder zweier Flaschen Rotwein geschuldet ist?

Zwei „Armeen" treffen seiner Meinung nach in der Flüchtlingskrise aufeinander. Die eine sei völlig fixiert auf die Frage, „wie Flüchtlingszahlen reduziert und die Grenzen möglichst undurchlässig gemacht werden können". In Ihr spielen sich „Abschottungsfantasten" als „abgebrühte Realisten" auf.

Damit kann er eigentlich nur meinen Udo di Fabio, den britischen Migrationsforscher Paul Collier, den Philosophen Sloterdijk, viele Staatsoberhäupter in Europa, Stefan Aust, Helmuth Plessner, Lord Weidenfeld, Heinrich August Winkler, Seehofer.

Die andere „Armee", mit Merkel als Oberkommandierenden und den Gefolgsleuten Stegner, Roth, Herzinger, Augstein, Altmaier, Volker Beck, blendet die Frage in größter Weisheit - kein anderer ist auf diesen Gedanken gekommen - nicht aus, „was die nicht abreißende Flut von Flüchtlingen eigentlich verursacht und welche Strategie Deutschland als eine führende Macht des freien Westens entwickeln müsste, um der Katastrophe an ihrer Quelle Herr zu werden". Seiner Meinung nach hätte auch die Weltmacht Deutschland schon viel früher in Syrien und anderen Krisenherden des Nahen Ostens sogar militärisch eingreifen müssen. Da stellt sich doch die Frage, warum die UNO nicht Herzinger als Sonderbotschafter ernannt hat.

Diese einseitige Fixierung auf „Flüchtlinge aus der Hölle" beschreibt das Problem der großen Zahl nur unvollkommen. Es sind überwiegend Migranten, die eine bessere Lebensperspektive in Deutschland suchen. Und wenn den Armen dieser Welt nicht klargemacht wird, dass Europa und Deutschland ihren Leidensweg nur begrenzt lindern können, dann werden sich viele Millionen aus Afrika und anderen weit entfernten Ländern, wie heute schon, auf den Weg ins gelobte Land machen.

Die Realität wird Merkel, die sich in ihrer ganzen einsamen Menschlichkeit bereits klammheimlich auf dem Weg zu nationalen Sicherungen und Lösungen befindet, von ihrem unvernünftigen Widerstand gegen Grenzschließungen und der semantischen Spielerei mit Obergrenzen abbringen.

PS Ich vermisse die Meinung von Klaus von Dohnanyi, dem erklärten Freund von Angela Merkel

Die einsame Weitsichtige

30.01.2016

Es gibt gegenwärtig mehrere Interviews, die Angela Merkel als die große, einsame Weitsichtige darstellen, die sich schon immer sowohl gegen eine Überforderung Deutschlands eingesetzt hat als auch gegen den Begriff „Obergrenze" und gegen eigene Grenzschließungen ist. Andere Länder dürfen es gerne machen. Diese gegensätzliche Darstellung mag schlauem, politischem Kalkül entspringen, ist aber meiner Meinung nach eine grobe intellektuelle Frechheit.

Merkels Absicht, die Völkerwanderung international lösen zu wollen, ist langfristig gesehen überzeugend. Aber nachdem sich viele Länder gegen Merkels Kurs auflehnen, braucht Deutschland nationale kurzfristige Lösungen. Merkel lehnt dieses Konzept offenbar ab, weil sie von ihren Irrtümern ablenken will. Seehofer und die AfD müssen sie weiterhin zur Wahrheit und zum Umdenken zwingen. Es gibt auch eine geistige Konkursverschleppung.

„Heroische" Zivilgesellschaft

30.01.2016

Im Fernsehen wurde eine kurze Sequenz gezeigt, in der eine etwa 80-jährige freundliche Dame mit drei Flüchtlingen „Mensch-ärgere-dich-nicht" oder ein anderes Brettspiel spielte.
Die alte Dame war von sichtbarem Glück und innerer Zufriedenheit erfasst, die drei Flüchtlinge trotz Spiels von sichtbarem Leid und sichtbarer Trauer. Mir taten die Flüchtlinge leid, und ich fragte mich, ob man diese gutwillige Helferin mit den Worten „heroisches zivilgesellschaftliches Engagement" loben sollte.

PS Und was machst Du?

Täglicher Sexismus

30.01.2016

Die Netzfeministin Anne Wizorek formuliert einen Satz, der typisch ist für die verbreitete „Entschuldung" der Täter vom Kölner Hauptbahnhof:
„Aber so zu tun, als wären sie die einzigen..., bleibt rassistische Hetze". Auch bei Bio-Deutschen gäbe es das verbreitete Problem des kriminellen Sexismus. Diese beiden Aussagen getrennt betrachtet sind wahrscheinlich wahr. Nur --- es ist von Bio-Deutschen bisher nicht bekannt, dass sie sich in Massen so verhalten haben, wie die Täter von Köln.

Für diesen Blog liegt schon die nächste „Entschuldung" in der Luft: „Die deutschen Machos sind nicht dem Lebensstress der Flüchtlinge ausgesetzt".

Xenophobie (Fremdenfurcht): Stimmt das?

30.01.2016

Mir erklärte ein Biologe, dass es Xenophobie (Fremdenfurcht) sowohl in Flora als auch Fauna gibt. Sie hat eine große Bedeutung für den Schutz der Art. Menschliche „Fremdenfurcht" muss sich gewiss im Filter des Großhirns bewähren, aber sie ist eine plausible Erklärung für den Ausbruch von Protest und Gewalt gegen eine zu große Zahl von „fremden" Zuwanderern. Der (sublimierte) clash of culture and civilisation ist keine Erfindung eines theorielastigen „egg-heads".
Wessen Meinung sich am Ende durchsetzt, die der „nationalliberalen Kader" oder die der „territorial Freiheitlichen", die ein Überrollen gar nicht kennen, wird sich zeigen.
Anders formuliert: Es ist nicht sicher, welcher Seite der programmierten Schreib- und Rederoboter mit eingebauter Wort- und Phrasendreschmaschine die Realität den Sieg zuerkennen wird.

Afdeisierung der GroKo

28.01.2016

Liebe Angela, lieber Horst, lieber Sigmar,
warum macht ihr den das, was die AfD schon seit längerem fordert. Wollt ihr auch rechtsradikal, populistisch, inhuman und undemokratisch werden?

Die Ideologen

28.01.2016

Der SPD-Ideologe Ralf Stegner wollte bei Maischberger die ideologische AfD „entlarven". Das ist ihm misslungen. Aber er hat jemanden „entlarvt", nämlich sich selber als Politiker, der nicht weiß, wovon er redet (Flüchtlingskrise, Islam, rechtsradikal) und die Sorgen der Menschen nicht kennt.
Je mehr er verzweifelt absonderte, desto mehr tat er mir leid und mit ihm das menschliche Narrenschiff, auf dem übrigens auch Jakob Augstein am Steuer sitzt.

Tigermücke in Deutschland

28.01.2016

Eine mutierte Form des Zika-Virus hat Augstein und Stegner bei Maischberger befallen; aber nicht die Köpfe sind klein, sondern das Gehirn.
Auch die Wahnsinnskommentare zu Köln und anderen Denkwürdigkeiten, die Henryk M. Broder in einem Artikel der WELT vom 28.1. gesammelt hat, lassen sich nur mit dem Wirken der Tigermücke erklären.

Das Gegenteil ist richtig

27.01.2016

Warum wird die Verschärfung des Aufenthaltsrechtes von Ausländern erst jetzt beschlossen, obwohl es seit Monaten dringende Mahnungen gegeben hat, diese Verschärfung schon lange vorher zu beschließen?
Und jetzt begründen Politiker mit gleicher Leidenschaft die Notwendigkeit einer solchen Maßnahme wie sie sie vorher abgelehnt haben.

Intellektuelle Einschüchterung

27.01.2016

Die Begriffe „rechts" und „konservativ" sind in Deutschland zu Schimpfwörtern geworden. Kommentatoren glauben überwiegend, dass diese öffentliche Meinung daher stammt, dass Nazi-Deutschland immer noch aufs Gemüt schlägt.
Ich glaube eher, dass sich Meinungsmacher durchgesetzt haben, die immer noch glauben, linke Weltanschauung - trotz der zweiten mörderischen Ideologie, dem Kommunismus-Stalinismus, die offenbar nicht nachwirkt - sei

besser geeignet, das Paradies auf Erden zu verwirklichen.

Daher kämpft die AfD einen einsamen Kampf gegen die veröffentlichte Meinung. Es gibt einen Mainstream der intellektuellen Einschüchterung. Wie sehr diese Bombardierung die Meinungsbildung der Masse verletzt, kann man an folgendem „Dialog" erkennen:

A: Ich wähle auf keinen Fall die AfD

B: Warum nicht? was stört Dich?

A: --------------

Selbst wenn man mit den Zielen dieser Partei nicht übereinstimmt, sollte man sie Wählen, um den Manipulateuren zu beweisen, dass ihre Macht nicht unbeschränkt ist.

„Physikerin-vom-Ende-her"

27.01.2016

Auf dem Titelblatt des neusten „Spiegel" (Nr.4) sticht der Satz ins Auge: „Was Angela Merkel antreibt".

Was wäre die Konsequenz für ihr Management der Flüchtlingskrise, wenn sie als „Physikerin-vom-Ende-her" die Eliten deutscher Geisteswissenschaften gar nicht kennt oder Mühe hätte, einen so phantastischen Artikel, wie den in der WELT vom 27.1., in dem Wolf Lepenies an drei Soziologen zeigt, mit welcher prophetischen Gabe Max Weber, Norbert Elias und Helmuth Plessner in der Vergangenheit auch die aktuellen Krisen und ihre Fehler beschrieben haben.

Sarrazins Buch und Monika Marons Meinung hat sie ja, ohne sie zu kennen, abgelehnt.

Gegensätze

26.01.2016

Die schäbige rechtsradikal-rechtsliberale Mischung von Ressentiments, Gegenkritik und Korrekturwünschen steht einer guten moralischen linken Sozial- und Flüchtlingspolitik gegenüber.

Ich rechne mich keinem der beiden Gegensätze zu. Ich bin nur allergisch gegen horrenden Unsinn, gegen das Schönreden oder das Verdrängen von angerichtetem Chaos, gegen die Annahme, dass Deutschland allein weiß und bestimmen darf, was andere zu denken haben, gegen die Behauptung, Angela Merkel sei die erste Vorkämpferin gegen den Fluchtlingsstrom gewesen. Ich werde meine Leuchttürme Lord Weidenfeld, Heinrich August Winkler, Udo di Fabio, Helmut Schmidt und viele andere nicht tauschen gegen Elmar Brok, Altmaier und Angela Merkel.

Es widerspricht jeglicher Logik, menschlicher Erfahrung und natürlicher Schutzmechanismen, nicht zu wissen, wer kommt, alle ungeprüft ins Land zu lassen, die in einer Kultur sozialisiert wurden, in der es ein explosives Gemisch aus Religion und Politik gibt, wo Gleichberechtigung von Mann und

Frau abgelehnt wird, in der weitere Freiheiten, auf die Europa stolz sein darf, fast nichts gelten, wo unzivilisierte Bräuche vorherrschen. Auch eine „schwäbische Hausfrau wird das nicht wollen.

Und wenn auch Deutschland kurzfristig seine Grenzen sichert, dann wird es sicher kurzfristig herzzerreißende Bilder geben. Diese Bilder müssen Normalbürger nicht ertragen, wohl aber Politiker.

PS Wie sichern Spanien und Australien ihre Grenzen?

Parallelen

26.01.2016

Bildungspolitiker hatten die Idee, schwächere von stärkeren Schülern lernen zu lassen. Gesteigert wurde diese Idee durch die Inklusion. Die Superpädagogen, die am Ende ihres Tunnelblicks nur Kranke und Schwache sehen, versuchen also viele Schüler als Hilfslehrer, Motivationslokomotiven und sozialen Kitt einzusetzen. Das Vorhaben wird stark kritisiert und der Erfolg bleibt zweifelhaft. Denn das rohstoffarme Deutschland braucht gut geförderte kluge Köpfe.

Merkel und Gefolge, die am Ende ihres Tunnelblicks nur Schwache und Kranke sehen, hatten die abstruse Idee, dass ein starkes Land allen Beladenen dieser Welt, die es bis Deutschland schaffen, helfen müsse. Die Massen sollen aber nicht inkludiert, sondern integriert werden. Das Vorhaben wird stark kritisiert und der zukünftige Erfolg bleibt zweifelhaft. Es überschlagen sich auch in dieser Krise die PRO- und CONTRA-Prognosen mit ihrer Wenn-dann-Struktur. Meistens geht Europa, das schon Jahrhunderte lang existiert, zugrunde.

Und so ist Merkel entweder wegen ihrer Hypermoral oder ihrer Politik eine „Erwähnung im Geschichtsbuch" sicher, nur ist noch nicht klar, ob positiv oder negativ.

PS So ein herzloser Blog!

Stilkritik

26.01.2016

In einem WELT-Artikel vom 26.1., unterzeichnet mit up, ist eine Stilkritik an Beatrix von Storch (AfD) erschienen anlässlich ihres Auftritts in der Talkshow von Anne Will.

Bluse und Frisur passten nicht zum Kleinadel eines von Weizsäckers, von Graf Lambsdorff oder von Christian von Notz, der als Kleinadliger bisweilen großen grünen Quatsch erzählt. Die drei hätten in der Politik mit ihrer noblen Herkunft stilbildend gewirkt. Ob diese Meinung auch für die Hüte von Frau von Weizsäcker gilt, ist unklar. Nicht erwähnt wurden Karl-Theodor zu Guttenberg und die stilbildende dicke Jutta Gerta Armgard von Dithfurth.

Dieser Beitrag von up ist diffamierend und der WELT nicht würdig!

PS Äh,äh, Kamerad -, Monokel in die Scheiße gefallen, total zersplittert.

Die deutsche Komödie

24.01.2016

Der Streit in Deutschland und Europa um die richtige Flüchtlingspolitik wird lächerlich.

Da gibt es eine gewisse Frau Merkel, wohlgemerkt keine allmächtige und allwissende Göttin, die gegen deutsche und europäische Politiker, Staatsrechtler, Historiker und weitere Intellektuelle, gewiss keine Blödmänner, darauf beharrt, Deutschlands Grenzen offen zu halten und eine internationale Lösung mit unglaublich vielen Facetten zu fordern, weil sonst Europa wieder mal „untergeht".

Hypothesen, aber Fragen bleiben

24.01.2016

Wieso kehren einige Flüchtlinge freiwillig in die „Hölle" zurück, z.B. nach Syrien?

Wieso bezeichnen Flüchtlinge ihr Leben unter der Herrschaft von Assads Truppen als „erträglich", welches dann aber, nachdem Rebellen die Macht eroberten, „unerträglich" wurde?

Warum werden christliche Flüchtlinge zu selten nach ihrem Urteil über den „Schlächter" Assad befragt?

Wieso gibt es keine Statistiken, aus welchen genau bezeichneten Gegenden des Nahen Ostens und anderer Gebiete die vielen jungen Männer mit welchen Gründen geflohen sind?

„Vom Ende her" sieht die Prophetin

24.01.2016

Merkel wird gelobt und bewundert, weil sie als Physikerin alles „vom Ende her" (respice finem) bedenkt, also ganz anders als Normalmenschen.

Nun könnte man diese Fähigkeit eher metaphysischen Sehern und Propheten zuschreiben, als einer empirischen Wissenschaftlerin. Denn das ist die Physik!: Sie geht „induktiv" vor, d.h. aus vielen Einzelbeobachtungen formuliert sie ein Gesetz. Sie setzt also nicht „das Ende" oder „das Gesetz/Axiom" an den Anfang und leitet von dort „deduktiv" Einzelerkenntnisse ab.

Kann es sein, dass Merkel das „vom Ende her" missverstanden hat und sich als Prophetin sieht gegen alle Widerstände?

(Dieser Blog ist Stefan Aust und seinem lesenswerten Artikel in der WamS vom 24.01. verpflichtet)

Zwei „Denkschulen"

24.01.2016

Die Meinung, dass Merkel bereits seit Anfang an eine heroische Vorkämpferin für eine Reduzierung der Migranten- und Flüchtlingsströme war, sollte sich selbst richten. Man müsste dann nämlich gleichzeitig zu erklären versuchen, warum die meisten Zuwanderer nach Deutschland wollen.
Einigkeit besteht in der Absicht zu verhindern, dass in den Jahren 2016ff. weiterhin Millionen von Flüchtlingen nach Deutschland kommen. Merkel sucht dafür eine internationale Lösung mit unübersichtlich vielen Modulen, Seehofer setzt kurzfristig mehr auf eine nationale Aufgabe. Die Vertreter und Bergprediger erfinden immer neue Gründe, um die deutschen Grenzen, wenn auch nur kurzfristig, nicht schließen zu müssen: Überalterung, Arbeitskräftemangel, bunteres Deutschland, andere ökonomische Gründe, politische Gründe für den Frieden in Europa und zuletzt, wenn alles nicht mehr akzeptiert wird, dann wird Christentum, Moral und Humanität mit bebender Stimmen eingefordert.
Die Fragen an die „Internationalisten" müssen gestellt werden, ob sie denn glauben, dass mit ihren zahlreichen, bisher nur theoretischen Maßnahmen, die wesentlich auch das Christentum und eine undefinierte Moral bemühen, die Zahl der Zuwanderer wirksam begrenzt werden kann. Und was passieren soll, wenn ihr aufwendiger Plan scheitert.

Siegessicher und provokant werden die Vertreter der „nationalen Denkschule" gefragt, was denn geschehen wird, wenn jedes europäische Land seine Grenzen schließt. Die Antwort darauf könnte lauten, dass diejenigen Menschen, die sich in der „Pipeline" der Balkanroute befinden, anständig behandelt und versorgt werden. Da muss es gar kein befürchtetes Geschiebe mit Staus geben. Gleichzeitig müsste das Nachdrängen aus der Türkei entweder von der Türkei selber oder in Griechenland oder von Balkanstaaten mit großzügiger Hilfe der Europäer unterbunden werden.

PS Ich habe mit Jesus Kontakt aufgenommen. Er sagte mir, dass Bedford-Strohm irrt und Gauck recht hat.

Ein realistischer Pole

23.01.2016

Polens Außenminister Waszczykowski erklärt, dass Polen ein rechtliches Problem habe mit einer oktroyierten europäischen Verteilung der Flüchtlinge, weil die meisten aus der sicheren Türkei kämen. „Diese Leute sind keine Flüchtlinge, sondern illegale Migranten auf der Suche nach Jobs und einem besseren Leben".

Gestützt wird seine Meinung durch jüngste Erhebungen von Eurostat, wonach europaweit 73% der 1,2 Millionen Asylbewerber Männer seien.
Jeszcze Polska nie zginela!

Optimistische Märtyrerin der Humanität

23.01.2016

Ulf Poschardt versucht in einem Beitrag auf der Titelseite der WELT vom 23.1. „Schicksalstage der Kanzlerin", die Pessimisten zu Realisten umzupolen. Ich folge ihm gern, da ich ihm häufig folge, und sage, dass ich sehr gern ein fröhlicher Realist sein will, auch wenn 2016ff. weitere Millionen Migranten ins Land strömen, denn die sogenannten Probleme sind gar keine, weil optimistische Realisten sie lösen könnten.
Die „unermüdlich schuftende Kanzlerin", „um die uns der Rest der Welt beneidet" (ach!), „mag irren (sic!) in dieser Krise", aber sie wird trotz ihres beharrlichen Irrtums (nur mit Europa, keine nationale Gefahrenabwehr) mit weitreichenden Folgen im Gedächtnis der Welt - wenn´s schiefgeht - als Märtyrerin der Humanität beweint.
Als Bundeskanzlerin darf sie aus politischen Gründen, wie manche Kommentatoren meinen, keine Skepsis zeigen. Und so bietet sie das Bild einer Kajakfahrerin, die trotz Warnungen einen reißenden Strom flussabwärts paddelt, vor sich einen tosenden Wasserfall hört, umdreht und nun flussaufwärts „unermüdlich schuftet".
Ich glaube als optimistischer Realist, dass Merkels Überzeugung „Wir schaffen das" wahr werden kann, - - - wenn wir die Türkei, Marokko und Libyen „mit ins Boot holen", die Migranten solidarisch auf die 500 Millionen Europäer verteilen, die Bürgerkriege im Nahen Osten beenden, keine Waffen in Krisengebiete liefern und die weltweite Armut abschaffen, ökonomische Schutzgesetze in Europa überarbeiten, die Entwicklungshilfe vervielfachen, die Schengenaußengrenzen sichern, die muslimischen Machos umerziehen, sie alle bestens integrieren, die Polizei verstärken, die „Willkommenskultur" zum Leidwesen der gutwilligen „Bahnhofsklatscher" ein wenig einschränken durch europäische gleiche Asyl- und Sozialgesetzgebung.
Und nun: Frisch ans Werk!

Lebenslange humanitäre Hilfe

22.01.2016

Richtig oder falsch: Es ist eine jedenfalls eine große politische Leistung, Deutschland und Europa zu spalten.
Zig Millionen Menschen sind unzufrieden mit ihren unfähigen Regierungen und ihren Lebensverhältnissen. Da kann Merkel noch lebenslang humanitäre Hilfe leisten, selbst wenn mehr als die Hälfte der Deutschen „es" anders will.

Abschottung oder Offenheit

21.01.2016

Diese zitierte historisch-philosophische Alternative, die das individuelle und das gesellschaftliche Glück beeinflusst, auf die chaotische Völkerwanderung zu beziehen, ist eine maßlose Überdehnung dieses Problems, besonders auch dann, wenn man sie personalisiert auf den „engstirnigen" Seehofer und die „Europaretterin" Merkel.

Was haben Millionen von Migranten und Flüchtlingen, deren Weltanschauung, deren Bildung, deren Intellekt und deren Lebensziele keiner genau kennt, mit dem Entwurf einer Offenen Gesellschaft zu tun? Gar nichts! Es sei denn, die Zahl der Salafisten und Dschihadisten wird zu groß.

Deutschland kann selbstverständlich ein offenes Land bleiben, auch wenn es den geltenden Gesetzen gemäß seine Grenzen überwacht. Staaten, die kontrollieren, welche Menschen sie in ihr Land lassen wollen, wie z.B. Schweden und Österreich, stehen doch nicht mit Nordkorea auf einer Stufe.

„Unmoralische" und „moralische" Staus

21.01.2016

Begründete Zurückweisungen an Grenzen verursachen Staus, wenn immer mehr Migranten kommen, die begründet zurückgewiesen werden.

Nun verschärft auch Österreich die Grenzkontrollen und begründet diese Maßnahmen entschuldigend als Notlösung, um den Druck auf unwillige EU-Staaten zu erhöhen. Das ist satirische Diplomatie!

Staus an der Grenze zu Slowenien sind danach unvermeidlich. Weitere Staus an anderen Grenzen werden folgen. Zuletzt wird es einen Stau in Griechenland geben, solange der Zustrom aus der Türkei so bleibt, wie er ist. Kritiker der geschlossenen Grenzen missbilligen diese Situation.

Wenn nun Merkels gelobter Plan, Migranten von der Türkei aufhalten zu lassen, Erfolg hat, dann gibt es einen Stau in der Türkei. (Es sei denn die Länder, in denen es große Flüchtlingslager gibt, verhängen eine Residenzpflicht für Flüchtlinge) - mit und ohne eine Kontingentlösung.

Wenn ich das so richtig sehe, dann gibt es „unmoralische" und „moralische" Staus.

Der „wahre" Islam

20.01.2016

Alle diejenigen, die nach einem „wahren" Islam suchen oder sogar glauben, ihn gefunden zu haben, werden ebenso scheitern, wie die Sucher nach einem „wahren" Marxismus, einem „wahren" Christentum, einem „wahren" Judentum oder wie Sucher nach dem heiligen Gral, der „blauen Blume", dem „wahren" Klima.

Wir werden wohl damit leben müssen, dass es Muslime gibt, die die unbarmherzige Seite des Islam für den „wahren" Glauben halten und praktizieren. Und es bleibt die Frage, welche Muslime nach Deutschland kommen.

Vom nationalen zum internationalen Problem

20.01.2016

Zu Anfang war mit dem „Wir" in Merkels legendärem Irrtum „Wir schaffen das" eindeutig Deutschland gemeint. Das beweisen ihre erklärenden Anmerkungen: Deutschland sei ein starkes Land etc. Es war also zunächst ein nationales Problem.

Als die Zuwanderung wegen Merkels naiver Zuversicht und ihres missverständlichen Lockrufes anschwoll und Deutschland zu überrollen drohte, änderte sie ihre Meinung und schob den Halbsatz hinterher: „aber nicht allein". Damit hatte sie das Problem internationalisiert, aber nicht die Abwehrhaltung und die Verweigerung gegen die Aufnahme von Migranten der meisten europäischen Staaten vorausgesehen. Regierungschefs, die wie Orban diese Ablehnung explizit vortrugen, bekamen die Moralkeule zu spüren. Auch dabei hatte sich die Begründung verschoben von „Wir brauchen Zuwanderung" zu „Wir müssen helfen". Länder wie England oder Frankreich, die ebenfalls kaum Flüchtlinge aufnehmen wollen, bleiben von Kritik verschont.

Und nun hat Merkel Deutschland gespalten und auch extrem rechte Weltanschauungen geweckt und gestärkt. Ich glaub', so war's.

Aber sie kann machen und sagen, was sie will, - sogar das Gegenteil ihres ursprünglichen Zieles -, die CDU liebt ihre Mutti, weil sie allein Garant für Wahlsiege ist. Sie hängt taktisch schlau an ihr, weil ein so guter Mensch von den Wählern niemals ganz negativ und abwertend beurteilt werden kann.

Die Riesenwelle der Wohlmeinenden

19.01.2016

Die Probleme der ungeordneten Zuwanderung lassen sich recht gut mit einem Bild beschreiben:

Es gibt immer wieder gefährliche Riesenwellen der Wohlmeinenden, die die kleinen Schiffe des common sense und der Vernunft verschlingen.

Eine Muslima in Vollschleier mit Sehschlitz wird aus ersichtlichen Gründen daran gehindert, in eine Sparkasse zu kommen. Das sei diskriminierend, weil ja auch Deutschen mit Rucksack der Zutritt nicht verwehrt wird.

Die Grünen-Chefin Simone Peter und mit ihr viele Grüne lehnen es ab, Marokko zu einem sicheren Herkunftsland zu erklären, weil es dort eklatante Menschenrechtsverletzungen und Verfolgung von Minderheiten gäbe und die wirtschaftlichen und sozialen Perspektiven schlecht seien.

Gesteigert in lichte Höhen werden solche Einschätzungen durch die

Vorstellung und den Willen von Merkel, alle Weltarmuts- und -flüchtlingsprobleme lösen zu müssen und zu können. (Für die Gründe der Flucht ist sie zwar nicht verantwortlich, aber sehr wohl für ihren missverständlichen Lockruf aus einem reichen Land).
Sexuelle Attacken von Muslimen auf Frauen werden damit entschuldigt, dass alle männlichen Horden auf der Welt so reagieren, besonders wenn sie besoffen sind.

Auch kleine und große Doofies gehören zur Riesenwelle:
Die Journalistin Anja Reschke entgegnete in der Sendung „Hart aber Fair" auf den Vorwurf, sie und andere Medien berichteten zu einseitig, dass sie doch „über alles berichtet" habe.
Auch unser deutscher „Daniel Goldhagen", der linksdrehende Schauspieler Jakob Augstein, gehört zu dieser Spezies.

Hegel und Merkel

19.01.2016

Oberflächlich betrachtet argumentiert Merkel genauso absurd wie Hegel:
„Wenn die Tatsachen nicht mit der Theorie übereinstimmen - umso schlimmer für die Tatsachen".
Trotzdem wird Merkel bleiben, weil die CDU mit ihr - und nur mit ihr - 2017 wieder siegen will, obwohl sie mit zu vielen Unbekannten jongliert ohne Aussicht auf schnellen Erfolg:
Bürgerkriege im Nahen Osten beenden, Erdogan und die Griechen für den Schutz der Schengengrenzen gewinnen, die EU mit der Moralkeule solidarisch machen, Seehofer und die Bevölkerung ruhigstellen, eine zu große Zahl an Migranten integrieren. Man darf einen so guten Menschen nicht abwählen!

Altmaiern

18.01.2016

Altmaier machte in der Talkshow von Anne Will wieder Zuckerwatte. Er kommt mir vor wie ein Roboter, dem man eine CD ins Hirn gepflanzt hat, worauf sich Argumente befinden, die er abspulen muss und die erstens den Flüchtlingsschlamassel schönfärben und zweitens etwa 60% der Deutschen nicht mehr akzeptieren.
Intelligenten Realisten wie Aust und Mansour spricht er „allwissend" die Kompetenz ab. Deren Argumente gehen in seinem nichtssagenden Worttsunami unter.
Es ist hingegen sehr wahrscheinlich, dass Altmaier genau das Gegenteil dessen verkündet, was er jetzt für richtig halten muss, wenn das Umdenken in der merkelschen Flüchtlingspolitik dringender wird, und wenn Merkels Jonglieren mit zu vielen Unbekannten voll danebengeht: Bürgerkriege im

Nahen Osten beenden (ohne substanzielle deutsche Beteiligung), Erdogan und die Griechen für den Schutz der Schengengrenzen gewinnen, die EU mit der Moralkeule solidarisch machen, die zu große Zahl an Migranten integrieren, Seehofer ruhigstellen.
Altmaier braucht dann nur eine neue CD.

PS „Wir müssen gegenwärtig durch ein tiefes Tal, um in der Zukunft die paradiesischen Früchte der Flüchtlingspolitik ernten zu können". So haben Marxisten auch für ihre Ideologie argumentiert.

Ausnahmslos Mönche und Nonnen haben's gut

17.01.2016

Die gelernte Finanzfachwirtin, Manuela Schwesig, heute Bundesfamilienministerin, unterstützt die feministische Aktion #ausnahmslos, die sich gegen eine „Islamisierung" sexueller Gewalt wendet. Dieser Aufruf enthalte zwei wichtige Botschaften: „dass die Übergriffe nicht dazu benutzt werden dürfen, alle unter Generalverdacht zu stellen. Und zweitens, dass sexualisierte Gewalt für viele Frauen Alltag ist. Für mich ist jeder Übergriff einer zu viel - egal von wem und egal an welcher Frau".

Diese Meinung klingt so was von vernünftig!

Doch - liest man die Ausführungen ein zweites Mal, dann muss man anfangen über den Inhalt zu lächeln. Wiederholt man das Lesen mehrmals, steht am Ende ein Brüller wegen der lächerlichen Banalität. Solche Meinung - im Mantel des tiefgründigen Ernstes - sollte auf die Damen des Finanzamtes beschränkt bleiben.

Menschenfreunde, Skeptiker und Nazis

17.01.2016

Es ist ein ungleicher Kampf mit ungleichen Attributen. Die Qualität der Vorwürfe hängt ab von deren Einordnung in das jeweilige Meinungsschema. Die Skeptiker dürfen die Menschenfreunde, die die Masseneinwanderung positiv bewerten, nur Verdränger, Relativiererinnen, Verharmloser o.ä. nennen. Umgekehrt werden die Skeptiker eingeordnet in das durchaus vorhandene braune Gebräu. Ihnen wird die Moralkeule auf den Kopf gehauen: „schäbig" und „unchristlich" sind sie für die, die nach eigener Einschätzung „idealistisch" bis zum Rechtsbruch sind, oder so „christlich", dass theoretisch alle Beladenen dieser Welt nach Deutschland kommen dürften.
Auf wundersame Weise gelingt es diesen Gutmenschen, die Vorwürfe gegen sie in einem paradiesischen Wolckenkuckuckshimmel mit dem Lösungsmittel „Moral" verschwinden zu lassen.
Und für ihre absurden Entschuldigungen der „Unregelmäßigkeiten" von Migranten gehörten sie eigentlich in die Irrenanstalt.

„Schon immer gefordert"

17.01.2016

Ich hatte mal einen Kollegen, der äußerte fortlaufend linken Quatsch. Wenn ich ihn nach einiger Zeit, nachdem sich dieser Quatsch als das erwiesen hatte, was er war, ansprach machte er mir den Vorwurf, ihn missverstanden zu haben. Dieser Rhythmus wiederholte sich mehrmals.
Und genau nach diesem in der Psychologie bekannten Muster verhalten sich Vertreter aller Parteien nach dem Realitätsschock von Köln, besonders wieder SPD-Linke, Linke und Grüne:
„Das haben wir immer schon gefordert".

Feministinnen, Homosexuelle und keine Grapscherinnen

16.01.2016

Wie ordnen fanatische Feministinnen die traditionellen Tanzfiguren beim Tango ein? Es sind zwar harmonische Paarbewegungen, bei denen aber der Mann als Eroberer und Macho überwiegt.
Warum gibt es keine Tanzturniere für Homosexuelle? Ist das diskriminierend?
Warum gibt es kein „Köln" für Grapscherinnen?

Künstliche und einfache Komplexität

16.01.2016

Ulf Poschardt, wortmächtig (allerdings gibt es einen Unterschied zwischen „humanistisch" und „humanitär") und meistens klug, sieht in Merkel eine alternativlose Heroine mit „Problemlösungshedonismus", die gegen die Unvernunft der halben Welt mit Lust ankämpft (WELT vom 16.1.).
Er scheint seine Meinung damit begründen zu wollen, dass allein sie die Komplexität der Flüchtlings- und Migrantenkrise erkannt hat. Alle anderen habe die „die Sehnsucht nach einfachen Lösungen" erfasst.
Es ist aber doch so, dass erst Merkel die Schwierigkeiten entweder mit Bauchgefühl oder ihrem komplexen Hirn komplex und schwieriger gemacht hat. Diese Art Komplexität versucht sie nun allen anderen einzureden. Sie ist nicht alternativlos oder sie muss davon überzeugt werden, dass verworrene Komplexität auch künstlich sein, und dass „einfachere Komplexität" zu besseren Lösungen führen kann.
Aber es gibt auch brillante Artikel in der WELT vom 16.1.:
Alan Posener und seine Forderung: „David Cameron, übernehmen Sie", denn „die Kanzlerin hat ihr politisches Kapital aufgebraucht" und vor allem der phantastische Beitrag von Peter Schneider zur Flüchtlingsproblematik, der sehr viele Journalisten und Politiker ob seiner Brillanz vor Neid erblassen lässt. Merkels angenommene Komplexitätstheorie wird falsifiziert. Der letzte Satz dieses Essays lautet:

„Und wer sich vornimmt, die Fluchtursachen in den Herkunftsländern zu beseitigen, denkt offenbar in Jahrzehnten oder geträumten Welten", obwohl kurzfristige Lösungen dringender nötig sind.
Von Eckard Fuhr stammt die vierte Meinung, die er lieber mit seinem Hund diskutieren sollte, als sie den Weltlesern zuzumuten. Es sei ein „aberwitziger Gedanke", „lückenlose" Grenzkontrollen in Deutschland einrichten zu wollen, wenn sich eine „ganze Weltregion auf die Beine macht". Er vergisst dabei, dass Armut und Not nicht nur in „einer" Weltregion herrschen, sondern in sehr vielen. Die unglücklichen Menschen von dort dürfen leider nicht alle nach Deutschland oder Europa kommen, um Dritte-Welt-Probleme hier zu verhindern. Und „lückenlos" werden die Grenzen sicher nicht zugebaut werden können. Aber geschützte Grenzen sind notwendig und sehr wohl ein Hindernis für Massenzuwanderung

Schäubles Träumereien

15.01.2016

Schäuble erklärt in einem Interview, dass er sich die Verrohung der Sitten und die aggressiven Ausschreitungen nicht hätte „träumen" lassen, - und Merkel wahrscheinlich auch nicht!
Genau das aber ist die skandalöse Katastrophe. Es gab genug Warnungen von renommierten Sachverständigen, dass die chaotische Flüchtlingspolitik extrem rechte „Schläfer" wecken würde oder Deutschland sogar spalten könnte.
Genau das ist eingetreten!

Bundesregierung setzt(e) Rechtstaat außer Kraft

14.01.2016

Die EU-Kommission leitet ein Verfahren wegen Bedrohung des Rechtstaates gegen Polen ein. Die ehemalige Vizepräsidentin der Europäischen Kommission, Viviane Reding, nimmt ihren Mund recht voll mit ihrer Kritik an Polen. Warum kritisiert sie nicht mit der gleichen Vehemenz die Bundesrepublik Deutschland und fordert ebenfalls ein Verfahren wegen Bedrohung des Rechtstaates?
Denn zwei renommierte deutsche Staatsrechtsprofessoren und ehemaligen Bundesverfassungsrichter, Hans-Jürgen Papier und Udo di Fabio, werfen der Bundesregierung plausibel und gut begründet vor, den Rechtstaal durch die bedingungslose Öffnung der Grenzen außer Kraft gesetzt zu haben.
Zu vermuten ist, dass diese beiden mindestens die gleiche Kompetenz besitzen wie Reding und EU-Juristen.

Gute Gutmenschen

14.01.2016

„Einige Menschen" haben „Gutmensch" zum Unwort des Jahres gewählt.

Nun lehrt die Erfahrung, dass „einige Menschen" glauben, nur Gutes zu wollen, ohne zu erkennen, dass man mit dieser Einstellung auch Schlechtes produzieren kann.

„Einige Menschen" lehnen Asylrechtsverschärfung aufgrund ihrer scheinbar höheren Moral ab.
„Einige Menschen" wollen offene unkontrollierte Grenzen.
„Einige Menschen" glauben, dass Verbrecher kranke oder kulturgeschädigte Menschen sind.
„Einige Menschen" erkennen nicht die Vorteile eines vernünftigen Utilitarismus.
„Einige Menschen" entschuldigen alles und erfinden Gründe ohne Relevanz (Alle Männer sind potenzielle Vergewaltiger).
„Einige Menschen" sind Kulturrelativisten (Kulturen sind unterschiedlich, aber prinzipiell gleichwertig).
„Einige Menschen" sind arrogant, intolerant und überdurchschnittlich selbstgerecht.
„Einige Menschen" sehen mit dem Erstarken der Konservativen das Ende der Welt kommen.
„Einige Menschen" unterstellen allen Merkel-Gegnern, dass sie sich zurücksehnen nach einem nationalen Deutschland.
„Einige Menschen" betonen dauernd, dass nicht alle Muslime Terroristen oder potenzielle Vergewaltiger sind, und glauben, damit eine nicht erkannte Wahrheit zu benennen.
„Einige Menschen" sind fest überzeugt, dass es volkspädagogisch schädlich sei, den Menschen die reine Wahrheit zu sagen.
„Einige Menschen" sind (wie) Claudia Roth, Simone Peter, Renate Künast, Katrin Göring-Eckardt, Volker Beck.

Wenn man für „Einige Menschen" nach einem Begriff sucht, der in allen Behauptungen eingesetzt werden kann, dann trifft man mit „Gutmenschen" den Nagel auf den Kopf.

Es gibt keine Hormonerziehung

12.01.2016

Das ist ein unausgegorener Vorschlag:
Für die Flüchtlingshilfe werden enorme Summen zur Verfügung gestellt. Auch die Unterweisung für junge muslimische Männer zwischen 18 und 35, wie man sich in Deutschland gegenüber Frauen verhalten muss, kostet Geld und ist auch sinnvoll. Aber grau ist alle Theorie! Hormone lassen sich nicht erziehen. Daher sollte man jedem Flüchtling, der es wünscht, Gutscheine für eine „praktische Sexualtherapie" zur Verfügung stellen. Das wäre eine humanitäre Großtat.

Madaja: Krieg, Propaganda und Wahrheit

12.01.2016

Es sind schreckliche Bilder von halbverhungerten Menschen, die ja irgendwo auf der Welt leben oder lebten. Aber ich bezweifle, dass das alles Bilder aus Madaja sind. Es sollen sich einigen Berichten zufolge darunter tatsächlich auch ältere Bilder aus anderen Regionen Syriens befinden. Am 18. Oktober kam die letzte Hilfslieferung nach Madaja. Kann man nach 3 Monaten Hungersnot so aussehen, wie die 3 im Fernsehen immer wieder gezeigten Menschen?
Belagerungen mit dem Zweck, die Übergabe eines Ortes durch Hunger und Durst zu erzwingen, sind uralt. Fürchterliche Bomben oder blutiger Häuserkampf sind gleichfalls grausam. Krieg ist grausam!
Was soll man von der Aussage einer Frau aus Madaja gegenüber einem syrischen Reporter halten, frühere Hilfskonvois seien von Bewaffneten geplündert worden. Das konnte nicht die syrische Armee gewesen sein; denn die hatte ja die Konvois durchgelassen. Es waren also Rebellen, die die Zivilbevölkerung als Geiseln nimmt, um sie als Schutz gegen einen Angriff zu missbrauchen. Deren Heckenschützen dürften es auch gewesen sein, die 13 Menschen getötet haben, die aus der Stadt zu fliehen versuchten. Den „Schlächter" Assad durch solche Kriegsverbrecher zu ersetzen, wäre tragisch.

Obligatorische Demenzchecks für Politiker

12.01.2016

In jedem Beruf, in jedem Unternehmen gibt es Beobachtung und Überwachung von Angestellten. Neuerdings sollen z.B. Piloten stichprobenartig auf Alkohol und Drogen untersucht werden.
Nur Politiker können zwischen den Wahlen beinahe ungestraft sagen und machen, was sie wollen. Gerade jetzt in der Flüchtlingskrise macht sich dieses Defizit schmerzhaft bemerkbar. Daher sollte man ähnlich dem Verfahren bei Piloten stichprobenartig diese Kaste durch einfachste Fragen, beruhend auf Logik und menschlicher Erfahrung, auf Demenz überprüfen.

Plötzlich unter Realitätsdruck

12.01.2016

Wie sehr Exzesse wie in Köln das Denken und Sprechen geradezu ins Gegenteil verkehren, erweist sich beim gegenwärtigen Politikersprech aufs schönste. Es ist nicht überraschend, weil es seit uralten Zeiten zur conditio humana gehört. Krankheit und Todesfurcht bewirken Ähnliches:
Was gestern für richtig gehalten und ultramoralisch argumentativ bis zur Bosheit gegen Gegner verteidigt wurde, wird plötzlich unter Realitätsdruck ganz falsch. Und plötzlich marschiert die linke Karawane nach rechts. Es

bereitet großes Vergnügen, sowohl die Chamäleons der regierenden Parteien als auch die allwissenden mutierten Gutmenschen unter den Grünen erleben zu dürfen.

„Wir schaffen das" - mal anders

11.01.2016

„Wir schaffen das":„Wir importieren islamistischen Extremismus, arabischen Antisemitismus, nationale und ethnische Konflikte anderer Völker sowie ein anderes Rechts- und Gesellschaftsverständnis" (Zitat aus einem Non-Paper des Innenministeriums). Das haben wir geschafft!
Nachdem sich Absurdistan überall in Deutschland verbreitet hat, stilisiert sich die CDU auf ihrer Bundesvorstandssitzung mit ihrer „Mainzer Erklärung" als AfD-light. Nur bei Merkel weiß man immer noch nicht genau, ob sie Mutter Theresa mit humanitärer Großtat bleiben will, oder ob sich in ihr ein „verborgener Orban" zu regen beginnt.

Alle sind überfordert, nur eine nicht

11.01.2016

Die riesigen chaotischen Massen an Flüchtlingen und Migranten aus Ländern, in denen der Islam und die islamisch geprägte Kultur vorherrschend sind, überfordern außer Merkel und die CDU alle staatlichen Institutionen, die diese Probleme ohne diesen Muslimansturm gar nicht hätten.
Probleme hier, Probleme da, Probleme überall! Wenn Merkel diese Situation vorausgesehen oder eingeplant hat, dann muss die Bevölkerung mit dem Auftauchen dieser Probleme noch lange nicht einverstanden sein.
Dass auf die sexuellen Übergriffe und Diebstähle von Muslimen am Kölner Hauptbahnhof mit einer allgemeinen Verschärfung des Sexualstrafrechts reagiert und organisierte Kriminalität teilweise verantwortlich gemacht wird, und dass junge Männer (so verstehe ich Frau Künast) aus Grönland, Island, Norwegen, Schweden, Dänemark, Deutschland sowieso, Spanien, Frankreich und eventuell auch vielleicht aus islamischen Ländern weniger rotes Fleisch essen und Kurse besuchen sollen, um Respekt vor Frauen zu lernen, sind politisch geniale Ideen und werden die Probleme der weltweiten Verbreitung der Machos entgegenwirken können. Regen sich über Machos etwa auch Lesben auf?
Frau Merkel darf übrigens stolz sein, dass sie in den weit entfernten Ländern, aus denen die Flüchtlinge und Migranten kommen, die bekannteste und beliebteste Politikerin in Europa ist.
Das muss doch einen Grund haben!

Fratzscher und sein „einer" Flüchtling

11.01.2016

Der DIW-Präsident Marcel Fratzscher hat ausgerechnet, dass „ein" Flüchtling in 7 Jahren ökonomisch und finanziell für Deutschland von Vorteil sein wird. Für „einen" mag das gelten, aber man muss ihn ja wohl fragen, wie viele Jahre denn die anderen Millionen, die gar nicht hinreichend integriert werden können, brauchen, um positive Effekte zu erbringen. Dass sie bunt und potent sind, dürfte nicht genug sein.

Statistik: vorher - nachher

11.01.2016

Ich würde gern mal eine ungeschminkte Kriminalstatistik in allen Deliktfeldern und Regionen sowie eine Aufschlüsselung der Polizeieinsätze vor und nach dem großen Migrantensturm lesen.

PS Umfragen, die immer noch 48% Befürworter der Merkelschen Flüchtlingspolitik ausweisen, müssen im Nahen Osten durchgeführt worden sein; denn in meinem Freundeskreis sind etwa 98% dagegen.

Tatsachenpuzzle über Polen

10.01.2016

Der Versuch, sich über die tatsächliche Situation in Polen in Form eines Puzzles Klarheit zu verschaffen, ist nicht leicht. Es gibt skeptische Fragen, die beantwortet werden müssten:

Wer soll Wie nach Meinung der zehn- bis zwanzigtausend Protestierer (Die Nachrüstungsgegner 1982 in Deutschland brachten es auf dreihunderttausend!) zu Verfassungsrichtern oder Intendanten der öffentlich-rechtlichen Medien gewählt werden? Die Kritik an Polen sollte erwähnen, dass „die Auslese für das Bundesverfassungsgericht ...hinter verschlossenen Türen" stattfindet und „die 16 Verfassungsrichter klammheimlich ausgehandelt" werden (Zeit online). Bekannt ist auch, dass einige Rundfunkanstalten als „Schwarzfunk" oder „Rotfunk" bezeichnet werden - je nach der dominierenden Partei in den Rundfunkgremien. Die Medienlandschaft in Polen scheint zweigeteilt zu sein. Neben öffentlichen Sendern gibt es noch zwei private, über die die Regierung nicht so leicht Einfluss ausüben kann. Und offenbar können Printmedien jeglicher politischen Couleur weiter erscheinen. Vier Programmchefs staatlicher Sender sollen aus Protest gegen die „Hofberichterstattung" ihre Jobs gekündigt haben. Berichtet wird aber, dass sie einer Kündigung vorgebeugt haben. Unklar bleibt auch, ob die abgewählte Regierung noch kurz vor ihrer Abwahl ihr gewogene Verfassungsrichter eingesetzt hat.
Der linke „Staatsstreich"-Schulz, Präsident des EU-Parlaments, sollte über seine Begriffswahl nochmals nachdenken. Polen beseitigt doch keine demokratischen Wahlen! Wenn die Kritik von solchen Kritikern kommt, die nach Köln „umdenken" mussten, dann ist Polen noch nicht verloren.

Begriffe im Nebel: „Solidarität" und „Opfer"

09.01.2016

Es wird kritisiert, dass die Osteuropäer „Solidarität" bei der Verteilung von Flüchtlingen verweigern. Ungarn und die Slowakei klagen sogar gegen die vereinbarten Flüchtlingsquoten der EU.
Was aber wird aus der geforderten „Solidarität", wenn ein EU-Gericht diese Forderung für nicht rechtens erklärt?

Cem Özdemir warnt davor, die Wahrheit zu verschleiern. Denn „dass die Kölner Silvesternacht nun genüsslich von denen ausgeschlachtet wird, denen es um alles andere als die „Opfer" geht, war erwartbar. (Cem dagegen hat schon Hausbesuche bei den „Opfern" gemacht !).
Wahrscheinlich wäre er noch erboster, wenn die bösen ausschlachtenden Rechten die „Opfer" nicht als „Opfer", um die es gar nicht „geht", sondern als „Märtyrer" im Kampf um Vernunft bezeichnen würden.

„Umdenker" überdenken ihre Prognosen

09.01.2016

Nun wächst zusammen, was zusammengehört: Tat und wahrhaftige Bewertung. Die Realität zwingt zum Umdenken. Die Prognosen der vielen „Umdenker" waren also falsch.
Warum wird jetzt von allen Parteien gefordert, mehr Polizisten einzustellen? Warum erging diese Forderung nicht schon vor 5 Jahren? Die einzig plausible Antwort auf diese Frage ist, dass es vor 5 Jahren noch nicht diese Masseneinwanderung gegeben hat. Wenn das wahr ist, dann gäbe es einen Bezug zur Flüchtgrantenkrise.
Jetzt werden Meinungen nicht mehr diskreditiert, die vor Kurzem noch für falsch und rechtsradikal gehalten wurden. Josef Schuster, Zentralratsvorsitzender der Juden, wagte es, auf Schwierigkeiten hinzuweisen, die unsere westlichen Gesellschaften bekommen könnten mit Menschen aus anderen Kulturkreisen. Seine Haltung wurde als rassistische Entgleisung verleumdet. Denn diese Menschen würden Deutschland „bunt" machen (Merkel) (Silvester war etwas zu bunt), und sie seien uns „geschenkt" (Göring-Eckardt) - von wem auch immer.
Man ist jetzt bereit, die Herkunft von kriminellen Ausländern zu benennen.
Die SPD mutiert zur Partei der unnachgiebigen Härte.
Gabriel fordert „Haft im Heimatland".
Auch die Sozialleistungen für Menschen vom Balkan dürfen gern beschränkt werden - kürzlich noch Teufelszeug für Gutmenschen.
Nach Köln gibt es nicht nur „Vorzüge" der Masseneinwanderung, sondern auch „Gefahren".

„Umdenker" überdenken ihre Prognosen. Nur Merkel bleibt ambivalent: Will sie eine (gescheiterte) Mutter Theresa bleiben oder ein verborgener Orban?

Das ist nicht Polen!

08.01.2016

Das Amt des Polizeipräsidenten ist ein politischer Posten, der maßgeblich mit dem Parteibuch zusammenhängt. Die Landesregierung, vor allem im Innenministerium, „achtet auf Parteizugehörigkeit, denn es geht auch darum, die große Linie in der Innenpolitik möglichst weit in die Kommunen durchzusetzen".
Das ist NRW-Praxis! Es scheint so, als ob Polens starker Mann Lech Kaczinski die Regierung beraten hätte.

Die Legende von den unparteiischen Medien

08.01.2016

Es ist für Fernsehen und Printmedien voraussagbar, wie einzelne Kommentatoren ein „Ereignis" beschreiben oder bewerten. Die einen tendieren mehr nach links, andere mehr nach rechts, einige Köpfe mit den langen Nasen sind parteiisch, wieder andere erwiesene Dummköpfe. Die meisten aber berichten darüber, „was ist". In diesem unabänderlichen Gewusel menschlicher Stärken und Schwächen von einer „objektiven", „unparteiischen" Medienlandschaft zu fabulieren, zeugt von nicht geringer Ignoranz der Species Mensch gegenüber.

PS Es bringt Spaß, nach Köln zum Quatsch entartete Realitäten zu beschreiben:
Sexuelle Übergriffe und Vergewaltigungen gibt es überall auf der Welt, besonders auch in Deutschland - seit Kurzem.

Die Meinungsvielfalt über Kölnhbf erfreut

08.01.2016

Nach Köln nähern sich die Kommentare der Medien anscheinend nicht nur asymptotisch der Wahrheit, sondern auch einigen zentralen Aussagen der AfD. Vorgänge dieser Art seien „von der Politik und der Justiz lange Zeit immer weiter bagatellisiert worden", und das Muster „zu wenig Polizei, zu lasche Gesetze, zu viele nachgiebige Richter" dürfe sich nicht wiederholen.
Ein Kommentator beklagt sogar eine eigene Vergewaltigung, dass nämlich seine eigene „Haltung gegenüber denen, die zu uns strömen, um sicherer und besser zu leben, so vergewaltigt würde", und dass seine „ über Jahrzehnte ausgebildete und verteidigte Toleranz...missbraucht wurde".
Auch der Komödiendichter für Angela Merkel ist nach diesem Massenfrevel auf dem Zenith seines Könnens. Höhepunkte ihres Textes sind die Aussagen:
Die Geschehnisse in Köln sind „auch für mich persönlich unerträglich", und

„ich glaube nicht, dass es nur Einzelfälle sind".
Aber getoppt wird Merkel noch durch die hochintelligenten und doch doppelbödigen Äußerungen der unvermeidlichen Claudia Roth. Es bleibt in der Schwebe, ob ihre Meinung zu Köln unerträglich, schäbig, schändlich, widerlich, unchristlich und brandgefährlich oder satirisch, witzig, blödsinnig und grün ist.

Sprachanalyse von Reden grüner Politikerinnen

08.01.2015

Bla bla bla Sexualstrafrecht ändern bla nicht alle Flüchtlinge bla bla bla keine Pauschalierungen bla bla auch Deutsche bla bla Rechtsradikale und Nazis bla unchristlich bla schäbig bla bla Pegida bla CSU und Seehofer bla Orban bla bla Fremdenhass bla.

Mit solchen Reden gelingt es den Grünen, Ratten zu fangen.

Merkel, die Hartlinerin

07.01.2016

Merkel wird in einem Fernsehkommentar gelobt: „Die Bundeskanzlerin gibt den Ton an". Sie setze sich ein für eine möglichst schnelle Abschiebung von kriminellen Ausländern und „mache sich stark" für eine „Prüfung" aller Möglichkeiten der Abschiebung.
Es bleibt absurd, dass Ausländer ohne Papiere einerseits nur sehr schwer abzuschieben sind, dass andererseits aber Asylbewerber ohne Papiere ohne Einschränkung ins Land gelassen werden aufgrund der „humanitären Großtat" unserer gewendeten, schauspielerisch begabten „Hartlinerin".
Die Polizei in Köln hat versagt. Sie hat unsere Bundeskanzlerin schwer enttäuscht. Die haben es nämlich „nicht geschafft".

PS Ein Hintergrundkommentar: Es sei nicht unüblich in nordafrikanischen und arabischen Staaten, dass Frauen bei großen Ansammlungen von jungen Männern sexuell belästigt werden. Na dann!

Stell Dir vor..

07.01.2016

Stell´ Dir vor, eine sät Chaos, und nicht alle merken das. Dann wird Chaos zum Normalzustand.

Gezielte Provokationen der Rechten in Köln

06.01.2016

Die Lage und die Kommentare sind verworren. Bisher ist die Wahrheit noch nicht entdeckt worden:

Es handelt sich in Köln, Hamburg und Stuttgart nämlich um Geheimaktionen der Rechten. Ein Netzwerk rechter Rattenfänger und Fremdenhasser aus verschiedenen europäischen Staaten haben Migranten aus dem „nordafrikanischen und arabischen Raum" bestochen, diese Schandtaten zu begehen, um die Schuld den „Flüchtlingen aus der Hölle" in die Schuhe zu schieben. Das alles muss zu Beginn der Karnevalszeit schonungslos und rechtsstaatlich aufgedeckt werden, damit z.B. Verhaltensvorschläge für „langarmige" Frauen wirksam werden können.

Und zuletzt: Aus gewöhnlich gut unterrichteten Kreisen ist zu erfahren, dass Papst Franziskus Thilo Sarrazin „selig" sprechen wird. Auch Merkel gehörte zum Kandidatenkreis. Aber Franziskus hegte doch zu große Zweifel an der Wirkung ihrer „humanitären Großtat".

Horst hat Klaus Kleber verzwergt

06.01.2016

So ein stupefaktes Gesicht, wie der Herr Kleber im heute-journal gezeigt hat im Interview mit Horst Seehofer, ist selten im Fernsehen zu sehen. Der Horst hat ihn intellektuell völlig verzwergt.

Alte oder neue Migranten in Köln?

05.01.2016

Es passt nicht gut in die Willkommenskultur, wenn die Horden in Köln und anderswo, die Frauen in der Silvesternacht als Freiwild betrachteten, zur Zahl der „kürzlich" eingewanderten Migranten gehören. Deshalb wünschen einige gutmenschlich-„objektiven" Kommentatoren ohne genaue Kenntnis der Ermittlungsergebnisse sehnlichst, dass es sich um schlecht integrierte Migranten einer „früheren" Tranche handelt. Es wird sogar nicht ausgeschlossen, dass es sich um organisierte Kriminalität handeln könnte.

Doch auch diese Generation war irgendwann einmal „kürzlich" eingewandert. Warum sollten sich die „Kürzlichen" später anders verhalten als die „Früheren"?

Fragen über Fragen

05.01.2016

Warum schließt Schweden seine Grenzen?
Kann es keine „Überfremdung" geben, oder was bedeutet „Xenophobie"?
Gehört der Islam zu Deutschland, und wenn „ja", - welcher?
Warum versucht man in Afrika, den Menschen Verhütungsmittel zu empfehlen?
Was bedeutet der Satz von Malu Dreyer: „Die SPD ist nah an den Bürgern"? Ist sie etwa populistisch?
Welche Konsequenzen hat es, wenn ein Staat seine Grenzen nicht mehr

schützt?
Welche Konsequenzen hat es, wenn den Bürgern nur noch „geschminkte Wahrheiten" zugemutet werden?
Warum hat „Links" immer Recht?
Welche Bildung hat Jakob Augstein genossen?
Wie viele Rattenfänger, Dumpfbacken, Hetzer, Rassisten, Pack, „Brandstifter" gibt es in Deutschland?
Warum sollte der gelernte Buchhändler Martin Schulz (SPD) ein besseres Konzept für Europa haben als seine Gegner? Hat es in Polen - wie er meint - wirklich einen „Staatsstreich" gegeben?
Warum spielt „Moral" in der Migrantenproblematik eine so große Rolle, in den Wirtschaftsbeziehungen zu „unfreien Ländern" aber nicht?

Populär - populistisch - popolistisch

04.01.2016

Worin besteht der Unterschied zwischen „populär" und „populistisch"? Populistisch sind fast ausschließlich konservative bis rechte Parteien. Mit einer Ausnahme: Nach Meinung der Grünen ist auch die CSU nicht nur populistisch, sondern sogar „schäbig". Doch Meinungen der Grünen - zu schweigen von den Linken - zur Innen-, Außen- und Sicherheitspolitik ist popolistisch, d.h. für'n Arsch.
Und wie soll man die jüngsten Einlassungen von Thomas Oppermann (SPD) nennen: „populistisch" oder „politisch", sogar „korrekt"?:
Für den Zulauf zur AfD macht er nämlich die Politik von Angela Merkel verantwortlich. Sie habe Millionen von „bodenständigen Konservativen" aus der CDU vergrault. Und sie müsse den Menschen die „ungeschminkte Wahrheit über die Integration und ihre Schwierigkeiten sagen". Das bedeutet aber, dass bisher die Wahrheit „geschminkt" wurde, eigentlich ein Vorwurf an Populisten. Oppermann müsste bei seiner Argumentation glücklich sein, dass so viele „bodenständige Konservative" in der AfD eine politische Heimat gefunden haben.

Verfassungsrichter und Rundfunkräte

04.01.2015

Bevor ich mir über die polnische Politik eine feste Meinung bilde, werde ich nachforschen, wie in Deutschland Verfassungsrichter in ihre Ämter kommen und aufgrund welcher Qualitäten Intendanten in öffentlichen Medien und Rundfunkräte gewählt werden.

Christliche Ethik über alles?

03.01.2016

Im Zusammenhang mit der Flüchtlingskrise wird fast ausschließlich die christliche Ethik (Religion) als Maßstab politischen Handelns zitiert. Doch nicht jede Religion fordert Feindesliebe und unbeschränkte Nothilfe, der Islam schon gar nicht. Es gibt aber mindestens noch drei weitere Basisannahmen für ethische Handlungen, deren Konsequenzen allerdings unterschiedlich sind. Grob formuliert sind es drei:

1) Die egoistische Ethik/Wertsetzung: Auf diese Basis bezieht sich Tschechiens Präsident Zeman mit der Meinung, dass Tschechien nun mal nicht für jedermann da sei. Bei Orban ist die Bewertung komplexer.
2) Die deontologische Ethik, die Immanuel Kant begründet hat. Man müsse unter allen Umständen so handeln, dass darauf ein allgemeines Gesetz gegründet werden kann.
3) Die utilitaristische Ethik, die das größtmögliche Glück der größtmöglichen Zahl von Menschen verfolgt. Damit ist nicht ausgeschlossen, dass die Politik bisweilen „Grausamkeiten" begehen muss.

Doktor Engel und Mrs. Merkel

02.01.2016

Die eine ist ein Muster christlicher Nächstenliebe. Die andere spielt die Vorkämpferin für spürbare Reduktion und verhandelt mit Erdogan.

Merkel: Alle mal lachen!

02.01.2016

Da kommt Angela „Superstar" und bringt Deutschlands gut funktionierende Energieversorgung durch eine angstbesetzte, panikartige und undurchdachte Entscheidung völlig durcheinander.
Gleiches verzapft sie in der Migrantenkrise. Durch wildgewordene Beschlüsse mit naiven Begründungen mutet sie den deutschen staatlichen Institutionen ein unglaubliches, historisch einmaliges Chaos zu, was von vielen klaglos ertragen wird. Und das alles, weil sie nur die Mentalität, den Durchblick und die verständliche Sprache einer „schwäbischen Hausfrau" besitzt.
Ist doch wahr!

Blogs im Dezember 2015

Moral hat niemals Unrecht

31.12.2015

Wenn Merkels Flüchtlingspolitik scheitert, und wenn sie bei der nächsten Wahl abgewählt wird, dann steht sie noch lange nicht vor den Scherben ihres politischen Unsinns, sondern es wird larmoyant das vermeintliche Paradoxon bedauert, dass eine Kanzlerin „wegen ihrer christlichen Nächstenliebe" von „Dumpfbacken" beseitigt wurde. Auch für diese Situation haben die Alten Römer ihre spezielle Weisheit:
„Wenn auch die Kräfte versagen, so wird doch das kühne Beginnen rühmlich sein: schon genügt ´s, hat man Großes gewollt".
Gegen moralische Attitüden hat auch das beste Sachargument keine Chance! Wie will man gegen eine Haltung argumentieren, die vorgibt, dass man notleidenden Menschen, selbst Massen, unter allen Umständen helfen muss?

PS In naher Zukunft werde ich Luthers „Zwei- Reiche-Lehre" und den Umfang des Begriffes
„Xenophobie" studieren. Merkel kann ich das nicht empfehlen, da sie nicht liest.

Die bösen Russen

31.12.2015

In verschiedenen Medien wird berichtet, dass die Russen in Syrien jetzt sogar „die Zivilbevölkerung bombadieren". Sie träfen Rettungskräfte, Kliniken, Schulen und Märkte. Zivilisten in Syrien zu töten, macht keinen militärischen Sinn. Wahrscheinlich ist es so, dass die Russen wie auch die Amerikaner im Vietnamkrieg ohne Rücksicht auf „Kollateralschäden" diese Ziele bombadieren, um ihrer Meinung nach muslimische Terroristen zu töten, die mit einer überall angewendeten Taktik Zivilisten als Schutzschilde missbrauchen.

Pacta servanda non sunt

29.12.2015

Die Annahme, dass es bei den gegenwärtigen Krisen, besonders der Migrantenkrise, keine Ängste geben könnte, ist absurd. Der Vorwurf, nationalkonservative Parteien und Regierungen „schürten" die Ängste, ist ebenfalls zweifelhaft.
Warum sollte ich ein fröhlicher Optimist sein und den Versprechungen glauben, die immer wieder korrigiert werden müssen:

„Wir schaffen das". - Korrektur: „aber nicht allein".
„Mit dem Flüchtlingsstrom kommen keine Terroristen". - Korrektur: „3 bis 13

kommen doch".

„Die Kriminalitätsrate unter Flüchtlingen ist nicht höher als bei Einheimischen".
- Korrektur: „Sie ist höher".

„Die Flüchtlinge bringen mittel- bis langfristig finanzielle Vorteile". - Korrektur:
„Für 2015 geben die deutschen Länder 17 Milliarden Euro aus
(Berechnungsgrundlage waren nur 800.000 Migranten); für die kommenden
Jahre werden es noch viel mehr Euro werden".

„Alle Flüchtlinge kommen „aus der Hölle". - Korrektur: „Es liegen auch ganz
andere Gründe für die Völkerwanderung vor".

„Deutschland kann seine Grenzen gar nicht schließen". - Korrektur: „Die
Möglichkeit wäre gegeben; aber es ist politisch nicht gewollt".

„Integration entscheidet über das Gelingen der Einwanderung". - Korrektur:
„Nur ca. 400.000 von 1 Million können umfassend mit Sprachkursen und
Arbeitsplätzen integriert werden".

„Kommt zu uns. Ihr seid willkommen. Wir brauchen Euch". - Korrektur: „Bleibt
lieber in der Türkei".

„Viele gut ausgebildete Migranten befinden sich unter den Zuwanderern". -
Korrektur: „Die Zahl der Analphabeten und Ungebildeten übersteigt bei
Weitem die Zahl der Ärzte, Ingenieure etc."

„Das Prinzip: Pacta sunt servanda gilt". - Korrektur: „Es gilt nicht.
Rettungspolitik hat einen höheren Wert".

Bei diesen Fakten bedarf es keiner rechten Partei, um irgendetwas in mir zu
„schüren"! Die Fakten genügen.

Lichte mediale Nebelwolken über Syrien

29.12.2015

Wenn man den Nachrichten trauen darf, dann sind mindestens vier Syrer nicht
vor dem „Schlächter" Assad und seinen Fassbomben geflohen, sondern vor
muslimischen Terroristen. Eine deutsch-syrische Familie musste aus Aleppo
fliehen, weil in dieser Stadt der Krieg zu wüten begann. Wer die Angreifer
waren und welche Ziele sie verfolgten, bleibt unklar. Sie flüchteten nach
Latakia in ein christliches Viertel. Aber auch dort versuchten Terroristen ihren
Straßenzug (sic!) einzunehmen. Daher kamen sie nach Deutschland.

Eine weitere überraschende Meldung kommt aus Damaskus. Dort wurde der
Abzug von Tausenden Dschihadisten ausgesetzt, weil ihr Anführer Sahran
Allusch bei einem russischen Luftangriff getötet wurde. Welche Ziele hatten
Allusch und seine Dschihadisten? Assad beseitigen, um dann Montesquieus
Ideen, die allgemeinen Menschenrechte und die Trennung von Staat und
Religion zu verwirklichen?

Es ist und bleibt für die kämpfenden Parteien in Syrien umstritten, wer als
Terrorist bekämpft werden soll und nicht an Friedenskonferenzen teilnehmen
darf.

Tertium datur!: euphorisch - xenophob - bullshitallergisch

28.12.2015

Nun wird auf das Jahr 2015 zurückgeblickt, das Deutschland mit dem Migrantenstrom von über einer Million Menschen an den Rand seiner Kräfte gebracht hat und bisweilen sogar darüber.

Bisher hat noch niemand vorausgeblickt auf 2016. Es kursieren nur vage Andeutungen über Chancen und Risiken. Wie „verändert" sich Deutschland, wenn nochmals ein Millionenheer von Hilfesuchenden kommt? Und 2017 vielleicht auch! Wie tief kann die bereits vorhandene Spaltung dann noch werden?: die Spaltung in Illusionisten und Scharfmacher, in blauäugige „Alles-wird -gut"-Euphoriker und aggressive, teils kriminelle Xenophobe?

Es gibt aber in dieser Scheindialektik eine dritte Gruppe, zu der auch ich gehöre. Ich bin weder xenophob noch euphorisch. Ich bin nur allergisch gegen politischen bullshit im Umfeld der Migrantenkrise.

Auch das Merkelbild gleicht eher einem Kaleidoskop moderner Kunst als realistischer Darstellung. Sie wird gleichzeitig einerseits als moralische Imperialistin gezeichnet, die allen Beladenen dieser Welt die Grenzen öffnet, und andererseits als Politikerin, die klug und weise von Anfang an Eindämmungspläne hegte. Zur Moralistin passt nicht, dass sie die Verantwortung für die Völkerwanderung Erdogan überantworten will. Und über die Meinungsmache, sie führe einen unermüdlichen Kampf gegen zu viele Einwanderer, kann man nur lachen. Sie hat mit dazu beigetragen, dass der Migrantenstrom enorme Ausmaße angenommen hat. Gegen diesen Verdacht kämpft sie nun zusammen mit ihren machtbewussten Parteifreunden, wird ihn aber berechtigterweise nicht los. Europäische Staatsmänner und - frauen, - und das sind wahrscheinlich nicht alles Idioten -, weisen ihr eine Mitschuld an der Völkerwanderung zu. Dabei ist es nicht wichtig, was Merkel glaubt, sondern es ist entscheidend, was die Anderen meinen, zumal viele Migranten als Gründe ihrer Migration Merkels Willkommenslockruf angeben.

Und das Letzte:

Nach dem Hinweis auf die von Gott (wirklich?) gegebene Würde jedes einzelnen Menschen erklärt sie mengentheoretisch zweifelhaft, „dass heute keine Menschenmassen kommen, sondern dass einzelne Menschen zu uns kommen", - also doch über eine Million einzelner Menschen.

Wir sind sooo gut!

26.12.2015

„Laut sagen wollen wir das nicht. Aber wir sind sogar die Besten. Weil unsere bösen Gegner unsere moralischen und politischen Überzeugungen nicht anerkennen, müssen auch wir leider Verleumdung und Diskreditierung des öffentlichen Rufes unserer Machtkonkurrenten anwenden durch eine Mixtur von wahren und unwahren Angaben".

So ist es immer: Überzeugungstäter wenden gern bewusst oder unbewusst geheimdienstliche Methoden an, um ihre Gegner zu vernichten. Die AfD, - selbst wenn sie deren Programm nicht gelesen haben - , hassen die „friedliebenden" demokratischen Parteien.

Von Beschwichtigern des islamischen Terrors hört man immer wieder, dass das „Böse" in jeder Religion lauert. Und zur Zeit Bin Ladens wurde der Terror damit begründet, dass das der Aufstand der Ärmsten der Armen sei.

Es gibt auch nicht den einen homogenen Islam. Das anerkennen sogar Islam affine Religionswissenschaftler. Angesichts dieser Tatsache auf den Gedanken zu kommen, dass nur liebevolle, friedliche und barmherzige Muslime mit den Millionen von unregistrierten Migranten nach Deutschland „einreisen", kann man nur gewaschenen Gehirnen zutrauen. Es kommen auch Muslime, die salafistisch oder sogar dschihadistisch durch Kultur und Koran sozialisiert wurden.

Es ist unbestreitbar, dass der Terror weltweit einen islamischen Ursprung hat. Daher ist es nicht unvernünftig, wenn sich einige Länder gegen die Aufnahme von Muslimen wehren. Das ist aber gar keine allgemeine „Fremdenfeindlichkeit", wie Diskreditierer behaupten, noch nicht einmal „Islamophobie", sondern „Verteidigung" gegen potenzielle islamische Massenmörder.

„Staatsstreich" in Polen?

24.12.2015

Getrieben vom cartesischen methodischen Zweifel stellen sich mir einige Fragen zur Kritik an der nationalkonservativen Regierung in Polen:
1) Von welcher politischen Seite kommt diese Kritik? Die Linken sprechen von „Staatsstreich". Gibt es denn keinen „ehrlichen" Konservativen, der sine ira et studio die Situation analysiert und den Polen nicht die Demokratiefähigkeit abspricht? Immerhin beseitigen sie ja nicht den Kern der Demokratie, die tournusmäßigen Wahlen.
2) Wie werden in Deutschland und anderen europäischen Ländern die Verfassungsrichter gewählt oder berufen?
3) Werden in Deutschland und anderen europäischen Ländern bei einem Regierungswechsel nicht auch Schlüsselpositionen in Polizei, Armee, staatlichen Betrieben und Verwaltung parteipolitisch genehm ausgetauscht?

Kein logischer Schluss von einem Einzelfall auf ein Gesetz!

24.12.2015

Wie lange, wie viele Jahre bei gleichem Migrantenansturm, werden die ehrenamtlichen privaten Helfer ihr Engagement aufrecht erhalten?
Die glückseligen individuellen Erfahrungen mit freundlichen, leidenden Einzelpersonen und

- Einzelfamilien dürfen nicht hochgerechnet werden auf die Güte der merkelschen Flüchtlingspolitik, genauso wenig wie in der Physik von einem Einzelfall auf ein Gesetz geschlossen werden darf.

Potpourri

23.12.2015

Ich bin dafür, dass über das Schicksal von Assad durch Wahlen entschieden wird. Selbst Hitler durfte mit seiner Partei zu Wahlen antreten. Mursi ist gewählt worden und versuchte mit seinen Muslimbrüdern in Ägypten eine religiöse Diktatur zu errichten. Maliki im Irak, der eine große Schuld am Erstarken des IS trägt, kam über Wahlen an die Regierung. Warum sollte das bei Assad nicht möglich sein? Weil Saudi-Arabien und auch die USA andere Interessen haben?

In Berlin sollte eine Zentrale der Weltpolitik eingerichtet werden. Dort weiß man im Zusammenwirken mit einigen sympathisierenden Medienvertretern alles besser als andere Regierungen.

Ein ewiger Kampf findet statt zwischen „Etiam si omnes - ego non"(Auch wenn alle - ich nicht) und „Si omnes - Etiam ego (Wenn alle - ich auch). Die letzte Wendung gewinnt leider fast immer.

Wo soll der Flüchtlingsstau sein?

22.12.2015

EU-Politiker versprechen sich von einer effektiven Sicherung der Schengen-Außengrenzen: Türkei/Griechenland und Nordafrika/Südeuropa eine Teillösung des Migrantenproblems.
Wie soll so eine Sicherung aussehen? Werden die kleinen Schlauchboote und andere Seelenverkäufer der Schlepper von Küstenwachen aufgebracht und in die Herkunftsländer zurückbegleitet? Dann hätten diese Länder: Türkei und Nordafrika ein gestautes Migrantenproblem, aber der Zustrom nach Europa wäre gemindert, - allerdings nicht humanitär gelöst. Da müsste die EU finanzielle Mittel für eine angemessene Versorgung bereitstellen.
Gelingt dieser Außenschutz nicht, dann müssten und dürften betroffene Schengenländer ihre Grenzen schließen. EU-Bürger müssten wieder ihre Pässe vorzeigen, was nicht unbedingt mein höchstes Glück verhindern würde.
In der „Pipeline" blieben die Menschen, die es schon geschafft haben, in Länder der Balkanroute zu kommen. Diese vorhandene Masse müsste jedes Land so gut es geht humanitär versorgen und integrieren.
Es gäbe dann aber einen gewaltigen Stau in den Ländern, die unter dem Zusammenbruch der Schengen-Außengrenzen zu leiden hätten: Griechenland und Italien. Dort müssten riesige Lager geschaffen werden für die nachdrängenden Migranten mit großer finanzieller Unterstützung der EU. Diese Lager könnten dann jährlich durch „Kontingente" entlastet werden.

Nun stellt sich die Frage, wo der Unterschied liegt, ob Migranten in riesigen Lagern in der Türkei und Nordafrika leben oder in Griechenland und Italien. Die entscheidende Frage also lautet: Wo will man den Stau haben?: Innerhalb der EU mit ihren individuellen Rechten auf Asyl und dem Vorteil weder mit Erdogan noch mit Entscheidern in Nordafrika dealen zu müssen oder „outgesourct" ohne Rechtsprinzipien der EU.

Gauweiler und der Erdbeerschorsch

21.12.2015

Peter Gauweiler: „Deutschland ist ein Rechtstaat und kein Moralstaat". Amen! Esto! So ist´s!

Rainer Maria Kardinal Woelki, Erdbeerschorsch von Köln:
„Unsere Gesellschaft wird sich durch muslimische Migranten stark verändern. Unsere Zukunft wird multireligiös". Er findet Muslime sehr nett.
Ich auch!

„Man muss zwischen Islam und Islamismus unterscheiden"
Welch „tiefe", weit verbreitete Einsicht für einen Erdbeerschorsch!

„Ich würde nicht von „Krieg" gegen den IS sprechen".
Er also auch nicht. Si omnes - Etiam ego!

„Christen müssen leidenden Menschen helfen".
Das aber ist nicht nur Pflicht der Christen, sondern kann ebenso, vielleicht sogar verzweifelter, von Atheisten mit Tendenz zum Existentialismus gefordert werden, weil nach diesem Leben nichts mehr kommt. Christen glauben tröstlich das Gegenteil.

„Umbrüche wie die gegenwärtige Völkerwanderung kennzeichnen die Menschheitsgeschichte. Wir brauchen uns nicht zu fürchten".
Die Qualität eines „Umbruches" ist schon entscheidend. Von einem Umbruch haben auch die Nazis geredet. Und da musste man Angst haben.

„Weihnachten heißt, die Welt menschlicher zu machen; Gott hat es uns mit seiner Menschwerdung vorgemacht".
Da halte ich es lieber mit Epikur: Wenn es wirklich Gott und Götter gibt, dann beschränken sie sich auf ein gutes Leben im Olymp.

Ist und Soll

21.12.2015

In einer Demokratie wird mindestens langfristig das neblige Verhältnis von „Ist" und „Soll" zugunsten des „Ist" erhellt.

1) Politiker betonten mehrfach, dass man keine Beziehung zwischen Völkerwanderung und eingeschleusten Terroristen annehmen soll. Als Begründung für dieses Verbot wurde angeboten, Terroristen könnten auch

ohne Migrantenstrom nach Europa kommen. Jetzt wird aber der Ist-Zustand klar, dass doch Terroristen den ungeregelten Zuzug ausgenutzt haben. Laut Bundespolizei wurden zeitweise nur 10% der Migranten erkennungsdienstlich erfasst. Daraufhin wird eine weitere „rettende" Idee verkündet: der IS täusche mit Pässen vor, Terroristen kämen mit dem Flüchtlingsstrom, um diese zu diskreditieren und Ablehnung zu erzeugen, die aggressives Chaos unter der Bevölkerung provozieren solle.

2) Politiker und der einsame Ökonom Marcel Fratscher vom DIW betonen ebenfalls ununterbrochen, man solle glauben, dass die Migranten keine höheren Kosten verursachen, ja, - dass Deutschland sogar langfristig finanziell profitieren werde. Nun kommt aber unwidersprochen heraus, dass der IST-Zustand ein ganz anderer ist. Man ist sich unter Ökonomen ziemlich einig, dass mit dem Flüchtlingsstrom die Zahl der Hilfsbedürftigen steige. Es gäbe mehr Obdachlose und mehr Hartz-IV-Empfänger. Eine rasche Arbeitsintegration sei angesichts fehlender Deutschkenntnisse und nicht vorhandener formaler Qualifikationen unrealistisch. Der Politikwissenschaftler Schroeder spricht sogar etwas aus, was man der AfD als Hetze anrechnen würde: „Auf einmal haben wir die Dritte Welt im eigenen Land". Ein Großteil der Migranten werde dauerhaft ali-mentiert werden müssen.

3) Politiker der CDU/CSU wollen dieses historisch einmalige politische Chaos, geboren aus einer unpolitischen Hypermoral ihrer Kanzlerin, verschleiern, indem die Bürger glauben sollen, Merkel sei immer schon eine engagierte Vorkämpferin der „spürbaren" Reduktion von Migranten gewesen. Mit dieser Verschleierung wollen sie eine Beschädigung von Merkel verhindern und ihre eigene Macht bei anstehenden Wahlen sichern.

Es gibt aber noch ein ganz anderes Verhältnis, und zwar das Verhältnis von „IST" und „Tappen im Dunkeln":

- Die Israelis bombadierten mitten in Damaskus ein Haus und töteten einen hochrangigen Terroristen. Nun wird gerätselt, ob die Israelis das hochmoderne Luftabwehr-System S-400 der Russen ausschalteten, oder ob sie mit den bösen Russen kooperierten.

- Auf den Friedenskonferenzen zu Syrien wird nicht mehr ausgeschlossen, auch mit Assad und seiner Armee zusammenzuarbeiten. Wird dem Oberteufel verziehen, Syrien in ein (angebliches) „Schlachthaus" verwandelt zu haben oder ändert sich die SOLL-Meinung über Assad?

Ich glaube, dass einige Journalisten und Meinungsmacher mit ihren Kommentaren, Analysen und Berichten keine Ahnung haben, was Geheimdienste hinter den Kulissen vereinbaren. Einigen scheint sogar die Wertschätzung als „Vierte Macht" im Staate den Verstand geraubt zu haben - nicht wahr Jakob.

Weihnachtliche Preisfrage

Woher wusste Jesus genau, dass er Gottes Sohn ist?

Der Hass der Mitte

20.12.2015

Politiker stellen sich die erstaunte Frage, warum „der Hass" auch in „der Mitte" der Gesellschaft angekommen ist. Viele komplexe Gründe aus unterschiedlichsten Bereichen werden für eine Antwort gesucht:
Pegida und AfD schüren und verstärken Ängste anstatt sie abzubauen. Der Abbau von Ängsten, z.B. vor dem Islam in seiner salafistischen und dschihadistischen Ausprägung, gelingt aber auch keiner anderen Partei. Zwei Diktaturen haben in der ehemaligen DDR in den Mentalitäten ihre Spuren hinterlassen. Die dortige Bevölkerung ist kaum mit Fremden in Berührung gekommen, und sie ist immer bevormundet worden. Schon in der Schule müssten die Vorteile der Demokratie verstärkt gelehrt werden. Auch Neid und Verlustängste unterer Bevölkerungsschichten werden eine Rolle spielen.
Das ist eine komplexe Diagnose, die eine langfristige Therapie erfordert.
Es könnte aber auch eine einfache mit einem Tabu belegte Diagnose für diese „Krankheit" zutreffen, die eine einfache Therapie schnell heilen könnte:
Merkel hat Geister mit ihrer Flüchtlingspolitik gerufen, die sich jetzt austoben. Der „Hass" wird verschwinden, wenn die Flüchtlingszahlen „spürbar" reduziert werden.

Fremdenfeindliche Hetze

20.12.2015

Das kann und darf gar nicht wahr sein, was Geheimdienste und Mitarbeiter von Frontex entdeckt haben. Fabrice Leggeri, Chef von Frontex, sieht in „den großen Strömen von Menschen, die derzeit unkontrolliert nach Europa „einreisen" natürlich auch ein Sicherheitsrisiko". Sicher ist auch, dass mindestens zwei der Terroristen von Paris mit gefälschten Pässen nach Europa „geflohen" sind. Sie haben sich unter die Flüchtlinge gemischt - und keiner hat sie bemerkt. (Passt gut zum Weihnachtslied:„Zwei -islamische - Engel sind hereingetreten, - kein Auge hat sie kommen seh´n") Das wird auch zunehmend schwieriger, weil sie mit sog. „echten falschen Pässen", in deren Besitz der IS gekommen ist, unterwegs sind.

Sind diese Informationen „fremdenfeindliche Hetze", wie manche deutschen Politiker nicht müde werden zu betonen, wenn „Verbindungen gesehen werden zwischen Flüchtlingen und Terroristen"?

Kopfabschlagen ist verboten

Es fällt vielen Deutschen schwer, besonders den Grünen, in welche deutschen Werte Ausländer integriert werden sollen.
Versuchen wir es doch mal anders. Vielleicht kann man sich auf eine Definition ex negativo leichter einigen, was n i c h t zu deutschen Werten gehört, z.B. das Kopfabschlagen.

Missbrauch der Bibel durch Terroristen?

Muss man die Frage stellen, wie viele Terroristen sich unter den 62.427 Spaniern befinden, die im Jahre 2015 bis September nach Deutschland gekommen sind?
Erklärtermaßen planen diese christlichen Zuwanderer ihre Zukunft in Deutschland, weil ihnen Spanien keine Chancen bietet.
Da muss man doch mal wirklich betonen, dass die Bibel von Terroristen nicht „missbraucht" werden kann. Wir müssen vor Spaniern keine Angst haben.

Vergessene Irrtümer und Zeitgeist-Hypes

Aus meinen Notizen habe ich einige tiefverwurzelte Meinungen, Kokolores, falsch verstandene Zitate und hinkende Vergleiche zusammengestellt, die das Weltgewissen immer noch bewegen , die Gesellschaften und den Zeitgeist prägen oder einfach verschwunden sind. Damit wird aber auch bewiesen, dass Vergangenheit und Gegenwart durch die Zukunft geistig überholt werden können.

1) „Den Sozialismus in seinem Lauf halten weder Ochs noch Esel auf"(Erich Honecker). Tatsächlich, der Sozialismus lebt!
2) Das 5. Gebot „Du sollst nicht töten" ist eine falsche Luther-Übersetzung der Originaltexte. Da steht geschrieben „Du sollst nicht morden".
   Pazifisten dürften sich nicht auf dieses Gebot beziehen.
3) „Stell Dir vor, es ist Krieg, und keiner geht hin; dann kommt der Krieg zu Dir" (Berthold Brecht). Der letzte Halbsatz wird von Pazifisten nicht gekannt oder unterschlagen.
4) Die Ethik der Bergpredigt fordert „Halte die andere Wange hin!" - unbedingt, ohne zu fragen, wieso es dem anderen zukommt, zu schlagen. Das gehört zum Credo des Appeasers, der ein Krokodil füttert in der Hoffnung, dass es ihn als letzten frisst. Die Forderung beinhaltet aber auch eine Unmöglichkeit: Wie sollen wir unseren brutalen Feinden die andere Wange hinhalten, wenn sie uns den Kopf abgeschlagen haben. Auch beten können wir dann nicht mehr mit ihnen. Dieser Fall ist in Jesu und seiner Nachfolger Empfehlung nicht vorgesehen.
5) „Eher geht ein Kamel durchs Nadelöhr, als dass ein Reicher in den Himmel

kommt". Mit „Nadelöhr" wird ein enges Tor in Jerusalem bezeichnet, durch das Kamele nur schwer in die Stadt kommen konnten. Es ist tröstlich, dass dieser oder jener Reiche doch in den Himmel kommt. Das „Nadelöhr" taugt also nicht zur Kapitalismuskritik. (Zu gegebener Zeit können einige Jesus fragen, ob diese Interpretation von „Nadelöhr" richtig ist)

6) „Die Deutschen waren in der Zeit des Dritten Reiches nahezu alle von einem mörderischen Antisemitismus getrieben". Dem Autor dieser Behauptung, dem Amerikaner Daniel Goldhagen, flogen 1996 die Herzen des linksgewirkten deutschen Publikums zu. Dazu gehörten auch die vielen „heroischen Nachkriegskämpfer" gegen Hitler-Deutschland.

7) Stanley Milgram hat durch eine geniale Versuchsanordnung bewiesen, dass sich Menschen nicht nur im Krieg zu fürchterlichen Taten hinreißen lassen, und dass sie sehr leicht zum Bösen manipuliert werden können. Aus diesem Experiment sollte man lernen, dass es eine Grenze gibt, wo man „nein" sagen muss. Etiam si omnes - ego non!

8) Die Millionen von Migranten werden Deutschland „bereichern" und mittel- und langfristig auch „finanzielle Vorteile" bringen. Es ist noch nicht sicher, ob solche und ähnliche Analysen nicht auch in diese Sammlung passen.

9) „Auge um Auge, Zahn um Zahn" . Gern wird dieses Zitat benutzt, um zu zeigen, dass das Alte Testament keineswegs humaner sei als aggressive Suren im Koran. Es wird bei dieser Kritik nicht erkannt, dass dieses Prinzip ein Fortschritt in der Rechtsprechung war gegenüber der Willkür des Einzelnen. Verbrechen und Strafe sollten adäquat geregelt werden.

10) Zum Schluss ein kleines Finale. Alle folgenden Hypes sind im Orkus des Vergessens verschwunden: Antiautoritäre Erziehung - keine Nachrüstung! - keine Wiedervereinigung! - Äquidistanz Ostblock zu USA - Abschaffung von Salzgitter, der Erfassungsstelle für DDR-Unrecht.

Arroganz und langsam mahlende Mühlen

19.12.2015

Merkel redet dauernd davon, dass Politik einen langen Atem braucht, dass Beschlüsse der EU über lange Zeit erkämpft werden müssen, und dass die Mühlen der unterschiedlichen Staaten unterschiedlich schnell mahlen.
Ich habe den bösen Verdacht, dass sie diese Aussagen nicht als Politikwissenschaftlerin getroffen hat, sondern arrogant glaubt, allein ihre eigenen politischen Vorgaben würden da gemahlen, und würden sich langfristig durchsetzen.

Interessegeleitete Desinformation

19.12.2015

Ist Assad in Wahrheit der Teufel, als den ihn „der Westen" sieht, oder wird er aus machtpolitischen Gründen dazu gemacht?
Sicher ist, dass „der Westen" mit Assad als Präsidenten Syriens nur

begrenzten Einfluss in dieser Region haben wird. Offenbar wollen nun die Russen Assad auch stützen, um diesen einseitigen Einfluss, besonders der USA, zu verhindern.

Und, oh Wunder, die WELT beweist heute (19.12.) Mut, ein Interview mit Assad nachzudrucken, dessen Inhalt den Leser nachdenklich machen muss, - über angebliche Zahlen und über doch vorhandene politische Einsichten dieses „teuflischen Schlächters seines Volkes". Es ist natürlich nicht ausgeschlossen, dass mit dem Inhalt die Leser auf manipulative Desinformation reinfallen sollen. Die Zukunft wird's erweisen. Aber nicht nur „das Böse" kennt Manipulation.

Zurzeit scheinen mir Aussagen von Assad recht plausibel, z.B. „Wenn sie mich weghaben wollen, müssen sie den Weg über die Wahlurne nehmen" und: „Waren das in den ersten Wochen der Aufstände in Syrien friedliche Demonstranten, die „viele Polizisten töteten" und von Anfang an „Maschinengewehre und alles andere hatten?"

Betonierte Aversion gegen Obergrenzen

18.12.2015

Parteiübergreifend ist man sich einig, dass die Zahl der Flüchtgranten, die nach Deutschland legal und illegal kommen, kleiner werden muss.

Umgangssprachliche Begriffe wie „begrenzen", „reduzieren", „spürbar senken" und zahlenmäßig umstrittene „Kontingente" werden bemüht, um Merkels betonierte Aversion gegen den Begriff „Obergrenze" nicht aussprechen zu müssen. „Obergrenze" geht nämlich gar nicht, weil man nicht weiß, was mit dem „einen" Flüchtling passieren soll, der diese Obergrenze überschreitet. Auch Anton Hofreiter, der grüne Logiker und deutsche Großdenker, sieht in der Forderung der CSU nach einer Obergrenze eine „boshafte Form der Naivität". Trotz der Definition einer Obergrenze würden nämlich nicht weniger Flüchtlinge kommen.

Sein an die EU gerichteter Vorschlag zur BRS-Lösung (begrenzen, reduzieren, senken) lautet:

„Jedes Jahr einem festgelegten Kontingent von mehreren Hunderttausend Flüchtlingen eine sichere Schifffahrt über das Mittelmeer" zu organisieren. Den Flüchtgranten, die nicht zu diesem Kontingent gehören und zurückbleiben müssen, sollen Versprechungen für das folgende Jahr gemacht werden. Er will wohl allen Flüchtlingen dieser Welt durch Flyer oder Muezzine eine Hoffnung auf später verkünden lassen.

Beide Gedanken passen nicht zusammen:

„Trotz Obergrenze werden die Flüchtlinge nicht weniger" gegen „Begrenzte Kontingente (Obergrenzen) und Versprechungen reduzieren die Zahl der Flüchtgranten".

PS Merkels verfehlte Migrationspolitik mit wahrlich tragischen Einzelschicksalen zu begründen, ist manipulative Desinformation.

Ich liebe Euch doch alle

18.12.2015

Der punktartig auf Deutschland konzentrierte Schmerz in der Migrantenkrise, dessen Ursache Merkels gestohlenes Diktum ist: „Ich liebe Euch doch alle!", soll jetzt mit finanziellen Drohgebärden als Flächenschmerz auf alle EU-Länder verteilt werden.

PS Warum sind nicht schon die ersten Flüchtlinge, die in Lagern des Nahen Ostens leben müssen, vor Jahren auf den Gedanken gekommen, nach Europa zu fliehen?

Schulreformen und Diäten

17.12.2015

Es gibt so viele Schulreformen wie es auch Diäten gibt, weil beide keine Erfolge vorzeigen können.

Tatsachen und Meinungen

17.12.2015

Der stoische Philosoph Epiktet stellte in überzeitlicher Erkenntnis fest:
„Nicht die Tatsachen beunruhigen die Menschen, sondern ihre Meinungen über die Tatsachen".
Die Wahrheit dieses Satzes glaube ich auch an mir feststellen zu können. Ich bin nicht „völkisch bewegt", bin aber durch einige „Meinungen" zu den Krisen dieser Welt „zornig erregt", durch sedierende Begründungen und Scheinrechtfertigungen, die meiner Ansicht nach nichts mit den zu Grunde liegenden Tatsachen zu tun haben. Schon aus sportlichen Gründen und weil der Begriff von „links-liberalen" Meinungsmachern nur negativ gesehen wird, neige ich mehr und mehr „rechts-konservativen" Thesen zu.
Selbstverständlich lehne ich damit nicht „das System" ab. Aber die Behauptung, dass „ehemals gebildete" Journalisten zu rechten Zombies gerade auch in der Flüchtlingskrise mutieren, ohne zu fragen, ob ihre Thesen eventuell diskussionswürdig sind, ist ein kurzsichtiger politischer Fehler. Thilo Sarrazin wird geradezu mit Hass verfolgt. In der obigen Behauptung ist der Vorwurf versteckt, dass Desinformation allein von rechts kommt. Jakob Augstein und befreundete Pappnasen im Geiste bringen es bei diesem Thema zur Meisterschaft.
Ich habe trotz der 1 Million Flüchtlinge und Migranten keine „Angst vor Fremden oder Überfremdung". Ich empfinde es aber als suboptimal, dass suggeriert wird, die Flüchtgranten lösten das Demographieproblem. Langfristig würden sie Deutschland bereichern, und wir könnten uns glücklich schätzen, dass uns so viele Menschen „geschenkt" würden. Alles werde bunter und „spannender".

Ich fürchte keine mögliche wachsende Arbeitslosigkeit, keine wachsende Kriminalität und keine bedeutenden Kosten. Statistiker der Bundesregierung publizieren sehr genaue Zahlen zu rechten Gewalttaten, über linke wird geschwiegen. Ich sehe aber in der Schönrednerei eine Volksverdummung, fühle mich allerdings nicht von „denen da oben" betrogen, weil arme Irre unzurechnungsfähig sind, besonders dann, wenn sie behaupten, der Islam sei barmherzig und gehöre zu Deutschland. Die Verschleierung sei Zeichen religiöser Freiheit.

Der Glaube scheint verbreitet zu sein, dass Moral im Zweifelsfall dem Recht und der Vernunft überlegen sei.

Deutschland kann seine Grenzen sehr wohl überwachen und sogar schließen. Aber es ist politisch gewollt, die Grenzen trotz dieses Ansturms nicht zu schließen, andererseits aber können die Tausende von Kilometern der EU-Außengrenzen geschützt werden.

Wer all diese Theoreme und Meinungen nicht teilt, wird in vielen Medien in die rechte unmoralische Ecke verbannt. Merkels Politik wird als „Modernisierungskurs" verkauft und gelobt. Ich will aber nicht so modern sein, wie Angela es will. Ich bleibe oder werde ein stolzer, glücklicher Rechtskonservativer.

Lebenswirklichkeit: Seehofers Rede

16.12.2015

Viele laichen in der Flüchtlingskrise nur ihre scheinbar humanitären Meinungen ab, sind aber materiell überhaupt nicht betroffen.

Deshalb übertrifft Seehofers realistischer Beitrag auf dem cdupt15 bei Weitem Merkels hochgelobte theoretische Moralphilosophie und Geschichtsinterpretation.

Assad und seine Fassbomben

15.12.2015

„Assad" und „Fassbomben" sind für viele Kommentatoren Code- und Schlüsselwörter für die Zerstörung Syriens. Ich wüsste gern mehr:

- Führen die Alliierten mit ihren Bomben und Raketen Krieg ohne Kollateralschäden unter der Zivilbevölkerung? Was sind Fassbomben im Vergleich mit Raketen?
- Ist es genug, wenn nur Assad beseitigt wird und seine Generäle, seine Berater und seine Regierungsmitglieder bleiben? Die syrische Armee soll sogar als Bodentruppe gegen den IS, die al-Nusra-Front und ausgewählte Terrormilizen eingesetzt werden. Das geht nicht ohne Offiziere.
- Warum macht man den Verbleib Assads nicht vom Votum der Syrer abhängig?
- Wer hat die angeblich 250.000 toten Syrer gezählt, die auf das Konto von

Assad gehen?
- Welche Ziele hatten die Demonstranten und Rebellen am Anfang des
  Bürgerkrieges? Wollten sie Assad beseitigen und einen Gottesstaat
  errichten?

Aleppo war vor dem Krieg das wirtschaftliche Zentrum Syriens, die reichste
Stadt des Landes. Nun herrschen im Osten die Rebellen, im Westen Assads
Armee. Wer hat diese Stadt zerstört und warum? Welche militärischen Mittel
haben die Rebellen eingesetzt?

Diese Fragen möchte ich aber nicht von Jürgen Todenhöfer oder
Michael Lüders beantwortet haben.

Die größte Schaffernation

15.12.2015

Angela Merkel hat auf dem Bundesparteitag der CDU durch eine „historische"
Rede die Delegierten von ihrer Flüchtlingspolitik überzeugt, z.B. durch ihren
Satz: „Weil es zur Identität unseres Landes gehört, Größtes zu leisten". Es
kann daher keinen Zweifel geben, dass „ wir es schaffen", die CDU es schafft
und dass Europa es schaffen soll. Wenn nicht, zerbricht es, genauso wie es
zerbricht, wenn Griechenland aus dem Euro „ausgetreten" wird oder der Front
National in Frankreich die Macht ergreifen kann.
Da ist es beinahe schon ein Sakrileg, in der allgemeinen Euphorie über diese
„Schaffenskultur" auf einige Schwachpunkte hinzuweisen.

Wenn Merkel, um das Mitleid auf hohem Niveau zu halten, behauptet, dass es
Flüchtgranten nicht leicht falle, ihre Heimat zu verlassen, dann gilt das nur für
eine Minderheit. Die meisten kommen bereits aus Lagern, die außerhalb ihres
Heimatlands liegen. Diesen „Lagerflüchtlingen" hat sie falsche Hoffnungen
gemacht.

Und sie hat Glück, dass ihre verfehlte Flüchtlingspolitik von psychischen
Konstanten der Menschen unkenntlich gemacht wird:
Die staatlichen und privaten Helfer müssen ein unglaubliches Chaos
verwalten. Das fällt ihnen offensichtlich leicht, weil man gute Werke vollbringt,
leidenden Menschen hilft und in einem „moralischen Umfeld" seinen Einsatz
bis zum Umfallen und bis zur Erschöpfung zeigen kann. Das stärkt das
Selbstwertgefühl und macht mehr Sinn, als im Finanzamt oder anderswo
Akten zu bearbeiten.
Aber einen erlernten Beruf kann man ein Leben lang ausüben, heroische
Chaosverwaltung ist zeitlich begrenzt. Auch deshalb muss der
Flüchtgrantenansturm „spürbar" reduziert werden.

PS Moralisch scheinbar gute Taten, die sogar kontraproduktiv sind, können
niemals negativ beurteilt werden. Das wussten auch die Delegierten auf dem
cdupt15. Und deshalb stellten sie sich alle hinter Moralmama Merkel.

103 / 116

Mimikry oder Gedächtnisschwund

Da zeigt sich doch die CDU-Chefin zufrieden mit dem gefundenen Kompromiss im parteiinternen Flüchtlingsstreit und erzählt dann folgenden Brüller:
„Wir haben einen Kurs gefunden, der dem entspricht, was mein Ansatz ist".

Lösungskompetenzen

Unser Innenminister de Maiziere bezweifelt, „dass die Menschen der Partei (der „rechtspopulistischen" AfD) irgendeine Lösungskompetenz zutrauen". Dagegen ist er offenbar von seinen eigenen Vorschlägen und Maßnahmen und denen seiner politischen Freunde überzeugt (Die Zitate stammen aus einem Interview in der WamS vom 13.12.).

Er glaubt nicht - anders als viele europäische Politiker -, dass die deutsche Politik eine besonders starke Sogwirkung auf Flüchtgranten ausgeübt habe. Also es gab keine Wirkung von „refugees welcome" und Arbeitsplatzangeboten? „Hohe materielle Anreizfaktoren" sieht er indessen auch. Die Sogwirkung lag seiner Meinung nach aber in der Ankündigung Ungarns, einen Grenzzaun zu errichten, so dass die Flüchtgranten sich beeilten, nach Deutschland zu kommen. Wann allerdings hört dann diese „Beeilung" auf?
De Maiziere hält auch von der Schließung der eigenen Grenzen nicht besonders viel, obwohl die Bundespolizei diese Möglichkeit für erfolgreich hält. Seine Antwort ist entlarvend: „Die politische Entscheidung trifft die Bundesregierung und der Bundesinnenminister - und nicht der Präsident der Bundespolizei". Das Argument, dass eine Schließung faktisch unmöglich sei, entfällt also. Es ist eine politische Entscheidung!
Die semantische lächerliche Verwirrung um „Obergrenzen", „Begrenzung", „Kontingente" usw. macht er mit, wahrscheinlich um Angela Merkels „Obergrenzenphobie" zu schützen.
Es besteht durchaus die Gefahr, dass ohne Integration der Flüchtgranten die Terrorgefahr wachsen werde, weil die salafistischen Ideologen Einfluss gewinnen könnten. Dazu lautet das Rezept unseres Innenministers: „Da schauen wir ganz genau hin". Für ein Verbot der Burka ist er nicht zu haben, aber er plädiert „für eine klare (sic!) politische Ablehnung der Burka".
Seinen Hinweis darauf, dass wir im Schengenraum auch nicht wissen, wer „aus Holland oder Spanien" zu uns kommt, soll wohl den Kontrollverlust über die Identität der Flüchtgranten relativieren.
Was können Wähler von diesen „hochkomplexen", „ehrlichen" Antworten erwarten: Lösungskompetenz?

Delirat, ista Angela

13.12.2015

Aber es tröstet, dass ihre Vorstellungen über die Völkerwanderung nicht im Nirwana verschwinden, sondern dass sich in der Zukunft erweist, ob die gegenwärtige Flüchtlingspolitik von der Nachwelt positiv oder negativ gewertet wird - dann wenn Angelas defensorische Rhetorik und die Taktik der CDU zum Machterhalt die Menschen nicht mehr verwirren kann.

Links ist out

13.12.2015

Genug von ihren alten Parteien haben junge Polen. Gefragt wird, ob der Rechtstrend in Frankreich eine Revolte der Jugend gegen die Eltern sei.
Die Antwort einer jungen Französin könnte erklärend wirken:
„Unsere Basis ist, dass wir gemeinsame Prinzipien und Werte teilen, dass wir stolz sind, Franzosen zu sein, stolz auf unsere Kultur, unsere Geschichte, unsere Zivilisation".
Das könnte ein klares Plädoyer sein für einen Staatenbund Europa mit sinnvollen und notwendigen überstaatlichen Institutionen, den schon ihr Landsmann Charles de Gaulle als Vision vor sich sah, und nicht für einen Bundesstaat mit Brüssel als Zentrale, für den der SPD-Politiker Martin Schulz leidenschaftlich kämpft.

Menschenverachtende Vorstellungen

13.12.2015

Lassen bei den folgenden Zitaten Pegida und AfD grüßen?:

- In Deutschland hat man nicht mehr den Mut, „sich zu den christlichen und abendländischen Werten zu bekennen".
- es ist keine Diskriminierung oder schlimme Selektion, „wenn wir bestimmen, wer zu uns kommen soll".
- Australien, Kanada und die USA kontrollieren ihre Grenzen, beschränken Zuwanderung und haben feste Regeln für Einwanderer, die man sich genau aussucht.
- Einige Länder und Institutionen helfen nur Christen, die aus dem Nahen Osten fliehen, weil ihnen die muslimischen Nachbarn Hilfe versagen. Die deutschen christlichen Kirchen lehnen diese Beschränkung ab.
- Die moralische Euphorie gegenüber einer massenhaften, teils illegalen Zuwanderung erfreut die deutsche Öffentlichkeit, weil sie Hitler ausmerzen wollen, indem sie sich als die Guten darstellen. Sie haben keine schlechten Motive, aber sie beweisen schlampiges Denken.
- Die Deutschen glauben, „alles wird von alleine gut". Es fehlt an militärischem Willen, obwohl der IS ohne militärischen Einsatz nicht zu beseitigen ist.

Nicht Pegida oder die AfD lassen mit diesen Zitaten grüßen - wie man glauben könnte -, sondern der honorige Publizist Lord George Weidenfeld.

PS Der hochgejubelte deutsche militärische Beitrag zum Krieg im Nahen Osten ist so gering, dass die dort kämpfenden Staaten auch ohne ihn auskommen könnten.

Reformation des Islam

12.12.2015

Ich bin für die Reformation des Islam, und zwar so weit, dass das Christentum dabei herauskommt.

Ein feuerspeiender Drache

11.12.2015

Wenn man Interviews oder Beiträge in Talkshows und Printmedien von Ralf Stegner hört und liest, dann wird man erinnert an den feuerspeienden Drachen bei den Festspielen in Furth im Wald.
In seinem jüngsten Interview (Welt vom 9.12.) bezeichnet er politische Fragestellungen drei Mal als „Quatsch". Die CSU gehe „flegelhaft" (er nun wieder!) mit der Kanzlerin um. Seehofer „schwafelt" von Obergrenzen. Die CDU „irrlichtert" in der Flüchtlingsfrage „ratlos" und „tatenlos" herum. Die C-Parteien wollen „mitten im Advent Schwangere und Kinder mies behandeln" (Stegner als christliche Alternative ist ein cooler Witz! Außerdem kennen muslimische Flüchtgranten gar keinen „Advent"). Die C-Parteien sind offenbar genauso „mies" wie „miese" Schlepper. Der Bundesinnenminister ist „vollkommen überfordert".
Die „miese" Wortwahl stammt immerhin von einem stellvertretenden SPD-Vorsitzenden. Diese Partei ermahnt sonst doch gern und schnell zu Moral und Fairness in den politischen Auseinandersetzungen, beherrscht aber in einigen Führungskadern sehr gut die Schläge in den Unterleib.
In der Person von Ralf Stegner passt Phänotypus und Aggressivität hervorragend zusammen.

Migranten-Liebe macht blind

10.12.2015

Nicht die Zahl der Flüchtlinge sei das Problem, sondern die Fantasielosigkeit in der Chaosverwaltung.
Eine gutwillige und hilfsbereite Bevölkerung sieht kein unüberwindbares Hindernis bei der Unterbringung und Versorgung der Flüchtgranten. Kostenloses Internet und die Verteilung von Smartphones sind für Flüchtgranten eine geforderte Notwendigkeit, und das seien Peanuts für ein reiches hochmodernes Land. Turnhallen sollten aber nicht belegt werden, wenn Kongresszentren leer stehen. Für Krippen- Kindergarten- und

Grundschulplätze brauchte nur mehr Personal eingestellt werden. Die angewachsene Personalfrage spiele auch bei der Bearbeitung von Asylanträgen eine „entscheidende" Rolle. Polizisten gäbe es nicht genug. Angebote der Wirtschaft würden zwar hilfsbereit gemacht, aber es seien zu wenige Plätze vorhanden - nur rund 400.000. Es wird verdrängt, dass für 600.000 Flüchtgranten diese kurzfristig auch gar nicht bereitgestellt werden können.
Das Credo dieser Gruppe lautet:
„Man kann sich an alles gewöhnen, selbst ans Chaos!"

Eine schnell wachsende Zahl an Skeptikern dieser Katastrophenschutzvorsorge gegenüber fragt sich, wie lange diese Vorsorge durchgehalten werden kann, wenn die Zahl der Flüchtgranten nicht reduziert wird. Sie zweifeln generell an Lösungsmöglichkeiten für den Berg von Problemen bei der Integration.
Jeder mitfühlende Mensch muss „betroffen" sein beim Anblick des Flüchtlingselends - von Angela mit verschuldet. Aber „Betroffenheit" und hypertrophe Philanthropie als Basis für politische Handlungsoptionen zu machen, lässt überall in Europa Wähler nach rechts schwenken. Die Wahlergebnisse sprechen da eine deutliche Sprache.
Und den Bürgern ist auch egal, ob die Lösungsvorschläge „unehrlich" einfach oder „ehrlich" komplex vorgeschlagen werden. Denn es könnten ja auch die einfachen Lösungen bei entsprechend gesetzten Bedingungen sehr wirkungsvoll sein.

Volksentscheid zu Olympia

10.12.2015

Mit der Zustimmung des Volkes zu Olympischen Spielen in Hamburg sollte dort z.B. auch die Infrastruktur modernisiert werden. Zum Olympiaprojekt hat das Volk gegen die Regierung nun aber ein „NO" gesetzt. Die Entscheidung des Volkes ist bindend. Ist das Volk klüger oder weitsichtiger als alle Olympiaplaner?
Diese Frage beantwortet der vom Volk zum Tode verurteilte Sokrates in Platons Dialog "Kriton". Kriton, Schüler des Sokrates, weist aus Angst um das Leben seines Lehrers diesen darauf hin, dass das Volk große Macht besäße.
Darauf antwortet Sokrates:
„Wäre die Menge doch nur imstande, Kriton, die schlimmsten Übel durchzusetzen, damit sie's auch bei den größten Gütern wäre - dann könnte man zufrieden sein. Nun ist sie zu keinem von beidem imstande; sie ist ja unfähig, irgendetwas Vernünftiges oder Unvernünftiges zu tun, und sie tut, was ihr gerade einfällt".
Dieses Mal hat die Menge Olympische Spiele in Hamburg abgelehnt, unter Umgehung der Sachverständigen, die als Repräsentanten gewählt wurden.

Die EU, die EU hat immer recht!

08.12.2015

Martin Schulz meint, dass der „Rückzug vieler Regierungen in nationale Denkmuster fatal" sei, dass „kein Land allein... Herausforderungen wie Migration, Klimawandel, Terrorismus, Handel oder internationale Kriminalität bewältigen" könne. Das gehe nur zusammen als EU.

Die genannten Probleme erfordern gewiss ein gemeinsames Handeln. Was aber ist, wenn die EU (wer immer das sein mag) falsche Entscheidungen trifft? Eine falsche Entscheidung hatte sie bereits getroffen - sogar nach Meinung von Schulz - : Die EU hätte die Außengrenzen besser schützen müssen. Und das nahezu bedingungslose „bail-out" von Griechenland war mehr als diskussionswürdig, genauso wie die Propaganda, die EU solle durch eine Multikultur neugierig und glücklicher werden.
Auch in der stereotypen Vorstellung von Schulz „rennen" die Menschen vor dem IS und den viel zitierten Fassbomben von Assad „um ihr Leben". Er hätte hinzufügen sollen „durch mehrere Länder bis nach Deutschland und Schweden". Warum soll ein Staat bei dieser ungelösten Problematik nicht auf die Idee kommen, seine Binnengrenzen zu schützen? - zumal das nach Aussagen mehrerer Sachverständiger möglich und auch nach dem Grenzkodex von Schengen erlaubt ist.

PS Nur Menschen, die auf beiden Augen blind sind, können das Heil der Welt allein in linken Regierungen vermuten.

Deeskalation: Nur noch Übungsmunition

07.12.2015

Die friedliebende Türkei schießt ein russisches Kampfflugzeug des blutrünstigen Putin ab. Ungeklärt bleibt, ob es sich über türkischem Gebiet befand oder nicht. Ungeklärt bleibt auch, ob die Türken die russischen Piloten „zehn Mahl" gewarnt haben.
Welche Reaktionen erwartet nun der Westen? Der Nato-Generalsekretär Stoltenberg spricht sogleich von „Deeskalation". Muss er auch, weil die Türkei ein Natopartner ist. Aber was heißt das? Sollen demnächst russische Segelflugzeuge mit Pfeil und Bogen beschossen, oder soll nur noch Übungsmunition verwendet werden?
Ein scheinbar russophiler Kommentator zeigt aber Mitleid mit der geschundenen russischen Bevölkerung. Denn die Wirtschaftssanktionen, die der böse Putin „angezettelt" hat, werden die Russen noch ärmer machen.

Tauschbörse

07.12.2015

Tausche eine Frauke Petry gegen vier Politnarren: Augstein, Göring-Eckardt,

Roth, Wagenknecht.

Analysen, Vorstellungen und Taten

06.12..2015

Man ist sich einig in Politik und unter den Islamwissenschaftlern, dass es nicht den „einen Islam" gibt. Also kann man „den Islam" auch nicht missbrauchen. Der Missbrauchsvorwurf wird erhoben, um „den einen nicht existierenden Islam" zu retten.

Nun empfiehlt der Grüne Wilfried Kretschmann (in WamS vom 6.12.), dass im krisengeschüttelten „Islam" eine „Reformation angesagt" sei. Welchen Zweig des Islam meint er, und wie könnten „nur die Muslime" selbst dieses Problem lösen?

Kretschmann zitiert auch die beiden verbreiteten Klischees, mit Abschottung und Restriktionen ließe sich der Flüchtlingsstrom nicht eindämmen (seine früheren Freunde im Geiste, die DDR, hatte es geschafft,17 Millionen „abzuschotten"), und man müsse die Ursachen der Flucht und Migration beseitigen. Die sieht er wie viele andere in der „Hölle" der Bürgerkriege im Nahen Osten und im „Dreck" des dortigen Lebensumfeldes. Das ist wahr, aber vergessen wird dabei ein viel wesentlicherer Faktor, auf den Necla Kelek aufmerksam macht:

Die Menschen, besonders die jungen, fliehen auch aus den islamisch regierten Ländern, weil sie in diesen „toten" islamischen Gesellschaften, in denen jetzt auch noch ein zerstörerischer Ordnungsverfall hinzukommt, keine Lebensperspektive sehen.

Kein Vernunft begabter Mensch kann sich damit abfinden, dass alljährlich eine Million Migranten nach Deutschland kommen. Das weltweite Potenzial ist riesig. Es ist sehr wohl möglich, durch Abschottung und Restriktion den Flüchtlingsstrom einzudämmen. Die Bundesregierung versucht ja nichts anderes mit ihrer Verschärfung des Asylrechtes und durch Verhandlungen mit der Türkei, mit Marokko oder dem failed state Libyen. Die Einführung der Einzelfallprüfung auch bei Syrern ist als Restriktion zu verstehen. Das überproportionale Verhältnis von jungen Männern unter den Migranten und von minderjährigen unbegleiteten Kindern, die gewiss nicht alle aus der Bombenhölle kommen und die auf Familiennachzug hoffen (2014 kamen 11 600 unbegleitete Minderjährige, 2015 sehr viel mehr), muss gleichfalls in Form von Abschreckung, Abschottung und Restriktion gelöst werden. Es ist natürlich bei aller Skepsis nötig, dass die Migranten, die es bereits unter falschen Prämissen zu uns geschafft haben, so gut wie möglich behandelt werden, und dass die Behörden und die Wirtschafft für sie schnellstens Integrationsmöglichkeiten bereitstellen. Diese Möglichkeiten sollen nach Sachverständigengutachten aber kurzfristig nur für etwa 400.000 von 1 Million zur Verfügung stehen. Also „Brot und Spiele" und den Koran für die anderen 600.000!

Inhumane Vollidioten in Europa

06.12.2015

Deutsche Kommentatoren sehen in den Wählern von rechten Parteien unverbesserliche Vollidioten, die auf das Versprechen von „vermeintlich einfachen Lösungen" hereinfallen. Wenn das richtig gesehen wird, dann beherbergt Europa eine große Zahl von inhumanen Vollidioten, die scheinbar komplexe Lösungsansätze nicht kapieren.

Zwei lateinische Weisheiten

05.12.2015

Zwei lateinische Spruchweisheiten werden häufig bei der Lösung politischer und militärischer Probleme in unterschiedlichen Formulierungen zitiert:
Principiis obsta (Wehre den Anfängen) und Respice finem (Bedenke das Ende).

Nur einige Beispiele mit Gegenwartsbezug zu diesen Prinzipien! Ob der Inhalt, der darin ausgesprochen wird, zutreffend ist, sei dahin gestellt:
Wenn man frühzeitig im entstehenden Bürgerkrieg in Syrien militärisch eingegriffen hätte, dann hätte man die vielen Toten und den Flüchtlingsstrom vermeiden können.
Wenn Hitler frühzeitig Grenzen gesetzt worden wären, dann wäre es vielleicht nicht zum Zweiten Weltkrieg gekommen.
Wenn man von Anfang an die Integration der Gastarbeiter ernst genommen hätte, dann wäre es nicht zu den Parallelgesellschaften gekommen.

Wenn man einen Krieg beginnt, dann muss man auch wissen, wie man ihn beenden kann (Exitstrategie).
Unsere Kanzlerin denkt angeblich „vom Ende her".
Sie hat aber durch ihre anfangs „offenen Arme" und impliziten Verheißungen die Völkerwanderung mit zu verantworten. Auch das „Wie" sollen wir den existierenden Migrantenstrom „schaffen", ist zu spät entdeckt worden. Den Ländern, Kommunen und Städten ein derartiges Chaos zuzumuten, ist unverantwortlich.
Deshalb ist es phänomenal, dass Angela Merkel nach all ihre Rollen vorwärts und rückwärts bei den Deutschen noch so großes Vertrauen genießt.

Verratene Humanität?

03.12.2015

Im „Stern" schreibt ein Kommentator, dass die „Humanität" Europas verraten werde, wenn nicht alle EU-Staaten verabredete Kontingente an Flüchtlingen aufnehmen wollten. Viel Beifall wird einer solchen Meinung gespendet, die „Humanität" gegen legitime „Interessen" von Staaten ausspielt.

Doch eine zweifelsfreie, von allen akzeptierte Humanität hat es noch nie gegeben. Zu den vielzitierten „Werten Europas" muss nicht zwangsläufig der Beifall für eine unbeschränkte Aufnahme von Flüchtlingen gehören. Und es darf denjenigen Staaten in Europa die Humanität nicht abgesprochen werden, die nicht bereit sind, Deutschlands selbstverschuldete Sogwirkung für Flüchtlinge zu akzeptieren: marktschreierische Willkommenskultur, Werbung für Arbeitsplätze, großzügige Asylgesetzgebung, großzügige Regelungen für den Familiennachzug, nur Abschiebungen in engen Grenzen, großzügige Sozialleistungen.

Es sollten auch diejenigen nicht diffamiert oder moralisch geächtet werden, die skeptisch anmerken, dass ca. 70% der Flüchtlinge junge Männer sind, dass nicht genau erfasst wird, ob es sich um „Papiersyrer" handelt, dass unglaublich viele Minderjährige von ihren Eltern nach Europa geschickt werden. Und dringend anmahnen darf man auch eine repräsentative Meinungsumfrage unter Flüchtlingen, woher und warum sie kommen, gerade auch nach Deutschland.

Also sprach Göring-Eckardt

02.12.2015

„Solidarität" kann auch bedeuten, dass man den befreundeten Staat (Frankreich) darauf aufmerksam macht, er begehe möglicherweise einen Fehler (mit seinem militärischen Einsatz gegen den IS).

Mit den Migranten werden uns „Menschen geschenkt".

Das ist eine unsägliche Verknüpfung von Dummheit und moralischem Hochmut.

Bodentruppen aus dem eigenen Land

02.12.2015

Nach Meinung unseres Außenministers sollten als Bodentruppen in Syrien nur Soldaten kämpfen, die ein Interesse daran haben, ihr Land gegen die Schlächter des IS zu verteidigen.
Das müsste eigentlich auch für Assads Armee gelten.

Putin, der Undurchsichtige

02.12.2015

Beim Lesen und Hören der Berichte über Putins Aktivitäten in Syrien kann man den Eindruck gewinnen, dass dort ein Bösewicht handelt, der nur Übles und Schandtaten im Schilde führt. Dabei war und ist er der einzige, der - natürlich auch aus Eigeninteresse - die plausible Strategie verfolgt, den Reststaat von Assad zu stützen, um libysches Chaos zu vermeiden. Vermutlich wird er sogar nach einer gewissen Schonfrist Assad, die „Geht-garnicht-Person" des Westens, fallen lassen.

Zitate für die Gegenwart

02.12.2015

Der Politischen Korrektheit geht es nicht darum, eine abweichende Meinung mit Argumenten als falsch zu erweisen, sondern den abweichend Meinenden als unmoralisch zu verurteilen.
(In dieser Disziplin sind besonders die Grünen und die Linken erfolgreich)

Ein Staat kann auch von „unbarmherzig guten" Menschen an die Wand gefahren werden.
(Das könnte für alle Verteidiger einer überdehnten Willkommenskultur gelten)

Ein Appeaser ist jemand, der ein Krokodil füttert in der Hoffnung, dass es ihn als Letzten frisst.
(Das gilt für einige Außenpolitiker und Beschwichtiger der islamistischen Gefahr)

Demokratie ist die schlechteste Form von Regierung, mit Ausnahme all der anderen, die bisher ausprobiert wurden.

Alles für das Volk, nichts durch das Volk.

Platon lässt Sokrates in seinem Werk „Der Staat" (473c - 473e) erklären, dass nur dann die Übel für die Staaten beseitigt würden, wenn entweder die Philosophen Könige (Herrscher) würden oder die Herrscher gründlich philosophieren, so dass sich politische Macht und Philosophie vereinigen.
In Platons Vorstellung von Staatsregierung kommt das Volk nicht vor.
(Die letzten drei Zitate können bei einer Diskussion über den Wahlausgang in Hamburg Verwendung finden)

Ali Baba und die Zauberformel

01.12.2015

Ali Baba schaffte es, mit der Zauberformel „Sesam, öffne dich!" das Felsentor der Schatzkammer, in der Räuber ihre Schätze verborgen hatten zu öffnen.
Heute gibt es wieder eine kürzere Zauberformel: „Asyl!"

Traurige Demokratie in Hamburg

01.12.2015

Die bekannte Definition für „Demokratie" hat sich wieder einmal in Hamburg gezeigt: „Jeder Dummkopf darf in einer Demokratie seine Meinung äußern".
Das schließt ein, dass es in demokratischen Gesellschaften sehr wohl zu falschen Entscheidungen kommen kann, wenn es die Mehrheit von Dummköpfen so will. Deshalb sollte man das positive Ergebnis in Hamburg für NOlympia nicht als Vorlage nehmen, um die Demokratie in den höchsten

Tönen zu loben oder fadenscheinige Gründe hervorzukramen, sondern trauern, dass solche törichten Entscheidungen einer Demokratie immanent sind.

Über den Autor

Der Autor, Dieter Rakete, wurde am 02.05.1940 geboren.

Er war bis 2001 Lehrer an einem Hamburger Gymnasium mit den Fächern Philosophie, Latein und Sport.

Seine Weltsicht wurde maßgeblich geprägt durch K.R. Poppers Buch „Die Offene Gesellschaft und ihre Feinde".